리더는 덜 외롭고
팀원은 덜 두렵고
서로의 다른 가치가 존중되어
서로에게 도움이 되는
소통과 관계를 맺게되길.

박 재연 드림

직장에서 사용하는
실 용   대 화 법

말이 통해야
일이 통한다

직장에서 사용하는 실용 대화법

말이 통해야 일이 통한다

지은이 | 박재연
초판 발행 | 2016. 4. 11
21쇄 발행 | 2023. 12. 13
등록번호 | 제1999-000032호
등록된 곳 | 서울특별시 용산구 서빙고로65길 38
발행처 | 비전과리더십
영업부 | 2078-3352   FAX | 080-749-3705
출판부 | 2078-3331

책값은 뒤표지에 있습니다.
ISBN 979-11-86245-17-0 03320

독자의 의견을 기다립니다.
tpress@duranno.com   www.duranno.com

비전과리더십은 두란노서원의 일반서 브랜드입니다.

직장에서 사용하는 실용 대화법

말이 통해야
일이 통한다

박재연 지음

비전과리더십

Chapter 1

말이 통하지 않는
이유는 무엇일까?

Chapter 2

말이 통하는 사람은
감정을 다루는 방법이 다르다

Chapter **3**

진정한 소통을 가능하게 해 주는
내 안의 힘

Chapter **4**

대화의
두 가지 패턴

Chapter 5

정직하고
명료하게 말하기

Chapter 6

말하는 사람의 의도를
정확하게 확인하며 듣기

Chapter **7**

갈등을 예방하고
해결할 수 있게 말하기

Chapter **8**

마음의 준비가 필요한 말에
잘 대처하여 듣기

"대화로 풀라"는 말이 있다. 누구나 알고 있지만 누구도 잘 실천하지 못하는 일이다. 이것이 이렇게 어려운 이유는 대화의 첫 시선을 타인에게 두기 때문인지 모른다. 상대를 이해하는 능력은 자신을 먼저 이해하는 마음에서 비롯된다는 것, 이것이 저자를 통해 배운 가장 귀한 가르침이다.

구범준_CBS〈세상을 바꾸는 시간 15분〉PD

대화 교육은 단순히 주고받는 대화를 가르침이 아니다. 리더십이 있고, 팔로워십이 있으며, 무엇보다 깊은 자기 성찰이 바탕을 이루어야 함을 배웠다. 이 책에서 말하고 있는 내용들이 교육을 통해 피교육생들에게 실제 변화로 일어남을 목격한 경험은 그 어느 비즈니스 현장에서도 겪어보지 못한 놀라운 것이었다. 이 책 속에 그 과정의 길잡이가 녹아 있다.

박용만_대한상공회의소 회장

저자를 통해 공감적으로 대화하는 방법을 교육받고 큰 감동을 받았다. 이 책에서 설명하는 대화의 방법들을 잘 이해하고 실행하고 연습하면 조직에서 상사와 부하 직원의 관계뿐만 아니라 가족, 그리고 자기 자신과도 행복한 관계를 유지할 수 있는 방법을 배우게 될 것이다. 리더가 되기 원하는 분들에게 꼭 권하고 싶다. **신동기**_이랜드그룹 재무총괄 대표

사람은 대화를 통해 관계 속에서 공감하며 신뢰를 쌓아가는 존재다. 이 책은 사람과 사람 사이에 존재하는 차이를 존중하고 믿고 의지하는 관계 속에서 아름다운 공감대를 이루기 위한 대화의 비법을 담고 있다. 차가운 머리보다 따뜻한 가슴으로 소통하고 싶은 모든 사람들에게 이 책은 중독될 수밖에 없는 필독서가 아닐 수 없다. **유영만**_지식생태학자, 한양대 교수

이 책의 목차를 보는 순간, 지금 나와 내 주변에 일어나고 있는 대화의 어려움과 문제점이 정리되어 있음을 직감했다. 그리고 각 장의 '대화 연습' 부분을 다시 읽어 보며 사례의 내용과 구성이 현실적이고 치밀하며 적용성이 뛰어남을 느꼈다. 바로 실행해 볼까 싶은 마음이 생겨 몇몇의 동료 직원들을 만나 연습을 해 보았다. 아! 말이 바로 통하는 것이다. 세밀한 통찰과 유용한 지침의 융합이 참으로 멋있다.

이동훈 _동아쏘시오홀딩스 대표이사 부사장

우리의 인생은 때때로 다른 이의 말과 행동에 대한 오해나 잘못된 해석으로 채워지곤 하여 고통스러운 방식으로 시간과 에너지를 소모하게 한다. 이 책을 통해 우리는 상대의 언어 이면의 핵심 욕구를 이해할 수 있고, 자신의 의도를 정직하게 표현하는 방법을 배울 수 있다. 이를 통해 업무 과정에서 불필요한 오해 없이 더 잘 소통할 수 있게 된 점이 무척 감사하다.

최재우_ ㈜ 두산DLI 부사장

저자의 말과 글에는 삶의 지혜와 영적인 울림이 느껴진다. 이는 기계적인 지식이나 기술 습득에 의한 것이 아니라 타고난 공감 능력, 힘든 삶을 용기 있게 극복한 사람들이 갖는 현명함, 그리고 인간 본성에 대한 희망적 통찰이 깔려 있기 때문이다.

함영준_고려대 미디어학부 초빙 교수

회의 자리에서 '이 논의를 통해 누군가를 비난하기보다 우리 모두에게 보다 도움이 되는 해결책을 찾고 싶다'는 마음가짐을 표현하는 것만으로도 얼마나 큰 변화가 일어날 수 있는지 깨닫게 해 준 내 생애 최고의 교육이었다.
_박경훈 과장

조직에선 길어지는 말들은 낭비라고 생각해 딱 필요한 말만 했다. 하지만 서로의 생각을 공유하고 합의하기 위한 대화는 결코 낭비가 아니라 새로운 가능성을 위한 투자라는 것을 알게 되었다.
_이지영 차장

대화를 하기 전 조금 시간을 미리 내어 스토리라인을 생각해 보고 대화를 하자 상사인 나의 요청을 부하 직원들이 보다 적극적으로 수용하는 모습을 경험할 수 있었다.
_심재훈 상무

나는 누군가에게 불편한 말을 꺼낼 때 두려워 망설이다가 결국엔 혼자 삭이고 말았다. 그러나 이 책의 내용대로 자극점을 찾아 말하고 핵심 욕구를 서로 명확하게 얘기하자, 결과를 떠나서 우선 늘 개운한 마음을 갖게 되었고, 그 이후에도 상대를 편하게 대할 수 있게 되었다.
_문석훈 차장

나에게 이 대화 교육은 도전할 수 있도록 용기를 준 시간이었다. 임원으로서 힘이 있어 보여야 하므로 늘 멋진 단어를 찾던 나에게, 진정성 있는 마음과 그 마음을 상대에게 보여 주는 것이 더 우선 될 필요가 있다는 것을 깨닫게 해 준 시간이었다.
_김중성 상무

자극과 반응 사이의 공백이 가져다 줄 놀라운 대화의 마법이 이 책을 읽는 독자들의 삶을 윤택하게 해 줄 놀랍고 소중한 경험이 될 것임을 확신한다.
_김희서 차장

이 책은 확보된 영향력을 제대로 발휘하기 위해 서로를 '진정한 연결'로 이어 주는 탁월한 내용을 담고 있다.
_박홍석 전무

처음엔 불편하고 어색했지만 자신을 드러내고 상대의 마음에 귀를 기울이는 대화 연습을 통해 우리는 연결되었고, 조직 내의 일은 풀려 나가기 시작했다!
_류훈식 상무

아직은 서툴지만 호기심으로 팀원들의 말에 귀를 기울이기 시작했다. 오해가 이해로, 불편이 공감으로 변하는 시점은 찰나였다. _방승혁 차장

상대의 생각을 판단하는 대신, 상대가 말하고자 하는 바가 무엇인지 생각하면서 한 템포 늦추는 대화를 할 수 있게 되었다. _김경수 부장

항상 좋은 사람으로 보여야 한다는 생각에 소중한 가족보다 직장에서의 이해관계자들에게만 더 좋은 모습을 보이려고 했다. 이제는 가족과 직장에서 그 균형점을 유지할 수 있게 되었고, 그들과 진정성 있는 연결을 경험하면서 큰 힘을 얻게 되었다. _이현정 과장

조직에서의 갈등이 모두 나 때문이 아닐 수 있음을 알게 된 후 덜 고통스러워졌다. 더불어 나의 핵심 욕구에 대해 들여다보고 상대와 대화하고 연결되는 데 큰 도움이 되었다. _최효연 대리

나는 어떤 사람인가 한 발짝 물러나 생각해 보고, 조직에서 만나는 다양한 사람들의 욕구는 무엇인가 살펴보게 되었다. 궁극적으로는 조직 내에서 효과적으로 대화하면서 성숙하게 일하는 방법을 스스로 알아 가는 방법을 안내해 준 소중한 책이다. _문진숙 차장

타인의 삶의 경험은 존중받을 필요가 있고, 서로가 다름을 이해할 때 대화가 가능하다는 사실을 많이 깨달았다. 그 틀을 깨기가 무척 힘들었지만 진심은 통했다. _양종석 부장

나는 항상 내가 먼저였다. 이제야 동료들의 진짜 요청들이 보이는데, 진작 알았으면 하는 아쉬움과 지금부터라도 진정으로 동료들을 대하자는 스스로 변화된 생각에 감사하고 있다. _정영수 부장

주변 동료, 직원들의 이야기에 귀를 기울이게 되었고, 자연스레 그들에게 관심을 갖게 되었다. 많은 직원들이 조직 내에 갈등이 있을 때 이 대화의 방법대로 다시 연결되기를 바란다. _박지연 대리

이전에는 말의 내용에 집중하고 판단했지만 이제는 상대의 속마음과 진정한 의도를 공감하기 시작했다. 이로써 불필요한 오해가 없어지고 관계가 발전하고 있다는 것을 느끼고 있다.

_노형식 수석

잠시 쉬어 간다는 것은 상대와 나 사이를 막고 있는 '숨겨진 의도'를 진솔하게 들여다보고 누구도 상처 입지 않고 결론에 도달할 수 있는 섬과 같다는 것을 대화 교육을 통해 알게 되었다.

_지병훈 상무

이 책을 처음 볼 때는 맞지 않는 옷을 입은 기분이었다. 하지만 이런 대화 연습이 없었다면 말과 의도가 다르게 표현됨으로써 조직 내에 불필요한 소통의 비용이 발생할 수 있겠다는 생각을 하게 되었다.

_이경수 부장

의도와 달리 자꾸 이상한 방향으로 흘러가던 대화의 패턴의 원인을 이 책을 통해 알게 되었다. 아직은 익숙하지 않지만 용기 내어 실천해 봄으로써 저절로 고개가 끄덕여진다.

_우현수 차장

말할 때는 내가 진정으로 원하는 바가 무엇인지, 들을 땐 상대가 의도하는 바가 무엇인지 여러 번 곱씹어 보게 되었다. 그러다 보니 상대가 답답하거나 오해해 화를 내는 경우가 많이 적어졌다.

_이지혁 과장

일에서 부딪히는 어려움을 상처 없이 다루는 방법과 각색의 모습을 한 인생의 다양한 자극을 여유 있게 다루는 방법이 되기도 한다. 인생에 '연결의 대화'라는 푹신한 범퍼가 마련되었음에 진심으로 감사드린다.

_김호정 차장

CEO가 교체되면서 소통에 많은 어려움이 있었는데 이 책에서 대화법을 배우고, CEO의 핵심 욕구에 초점을 맞추다 보니 공감의 마음이 생기게 되었다. 지금은 자유로운 의논과 토론이 가능해 의사 결정 지연이나 번복으로 발생하는 비효율을 제거한 것이 가장 큰 성과이다.

_박성기 전무

업무를 하면서 정형화된 패턴이 있었다. 하지만 이 책을 통해 그 패턴에서 벗어나 상생하는 방법을 알게 되었다. 매번 다 통하진 않았지만 적어도 일방적인 자기주장만을 되풀이하는 패턴으로 시간을 허비하는 경우는 많이 줄어들었다.

_**김태원 부장**

상사에게 업무 지시를 받거나 회의를 할 때 일방적으로 듣기만 하는 경우가 많았다. 특히 감정적인 대립이 있을 때는 적극적으로 말을 안 하는 것이 상황을 더 악화시켰다. 이 책을 통해 내가 관찰한 객관적인 사실에 대해서 말하고, 나 또는 상대가 어떤 감정과 욕구가 있는지 확인했고, 그 후 요청을 하다 보니 어느 순간 문제가 좋은 방향으로 해결되는 것을 경험할 수 있었다.

_**이건후 과장**

대화 방법을 배우면서 가장 먼저 떠올랐던 대상은 가족이었다. 가장 소중한 존재이지만 충분히 연결되어 있지 못하다는 결핍감이 들었다. 그 결핍으로부터 소중함을 지키고 또 회복하고자 하는 욕구가 생겼다. 이 책은 바로 이 지점에서 상호에게 필요한 부분에 대한 우주 최강의 솔루션이다.

_**강민우 차장**

많은 사람들과 대화하고 업무하면서 나름 소통 측면에는 강점이 있다고 자부하던 차에 이 책은 적지 않은 충격이었다. 대화의 본질을 제대로 모른 채 소통을 잘하는 사람인 척했던 내 모습을 발견했다.

_**박형수 차장**

'대화'를 배우고자 하는
당신을 환영합니다

저는 어려서부터 궁금했습니다. 왜 사람들은 서로 모이면 미워하고 싸우고 욕하고 다투는지, 서로 대화로 해도 될 것 같은데 왜 소리 지르고 때리고 던지는지에 대해서 말입니다. 특히 긴밀히 협력하기를 원하는 동료들, 함께 살아가는 가족들끼리도 말이지요. 어떤 사람들은 힘겨운 상황에서도 대화를 잘하고 관계도 좋은데, 왜 어떤 사람들은 그렇게 서로 비참한 관계를 맺으며 살아가는지…. 이에 대해 이해하기가 어려워지면서 점점 갈등과 다툼 자체가 매우 두려워졌습니다.

성장하면서 저는 갈등이 쌓일까 봐 종종 노심초사했습니다. 웬만하면 조용히 참고 무리나 집단에 수긍하면서 갈등을 만들지 않기 위해 애를 썼고, 도저히 못 참겠다 싶으면 그냥 관계를 끊어 버리기도 했습니다. 사회적인 관계에선 좋은 사람으로 보였겠지만, 한편 저와 가까운 사람들에게는 안심하는 마음에 매우 공격적인 방식으로 퍼붓기도 했습니다. 그럴 때면 저 자신이 이중적인 모습으로 보여서 괴로웠습니다.

저는 조직이나 공동체에서 '다시 말하고 듣는 방법'을 안내하면서 이런 제 모습이 비단 저 개인의 모습만이 아니라는 사실을 깨닫게 되었습니다. 동료 간의 아픔도 볼 수 있었고, 이미 떠난 부하 직원에 대한 죄책감에 힘들어하는 리더의 모습도 볼 수 있었고, 전 직장에서의 억울했던 마음이 풀리지 않아서 새로운 직장에서도 사람에 대한 신뢰를 잃어버리고 위축되어 있는 사람도 볼 수 있었습니다. 그런 모습들을 보면서 저는 위로를 얻는 동시에 더욱 절실한 마음이 들었고, 안타까워지기 시작했습니다.

우리는 가정에서뿐만이 아니라 직장에서도, 군대에서도, 학교에서도 서로가 단절되는 방식으로 관계를 맺고 있습니다. 서로를 탓하거나 자신을 비난하느라 많은 에너지를 소진하고 있습니다. 본질에는 다가가지도 못하면서 말입니다.

'대화라는 것은 무엇일까?'
'어떻게 하면 대화를 잘할 수 있을까?'

저는 어린 시절의 막연하지만 강렬했던 의문을 해소하고 싶었습니다. 그리고 모든 것이 망가진 것만 같았던 사랑하는 사람들과의 관계를 회복하고 싶었습니다. 그래서 10년 전부터 행동하고 노력해야겠다고 다짐했고, 지금까지도 수많은 시행착오 속에서 그 연습을 하며 살아가고 있습니다. 그동안 평화적이기는 했지만 적극적으로 나서서 대화를 통해 갈등을 풀어 본 경험도 용기도 없었던 지난날이 떠오를 때면 마음속에 여전히 깊은 아쉬움과 후회가 자리합니다.

그래서 만약 이 책을 펴신 여러분이 저와 같은 고민으로 힘들어하신다면 정말 환영합니다. 지난날 오랜 시간 동안 아프고 괴로워하며 배우고 적용해 본 저의 배움이 여러분들의 건강한 관계를 만들어 가는 데 도움이 될 것임을 확신하기 때문입니다. 이 책에는 제가 그동안 배워 오고 교육한 모든 것이 담겨 있습니다. 아낌없이, 그리고 빠짐없이 나누어 드리고 같이 성장하기 위해 고심하며 썼습니다.

삶의 대부분의 시간을 보내고 있는 일터에서 행복감을 충만하게 느끼며 살아가기 위해서는 어떻게 해야 할까요?

행복한 일터는 실현 가능하고 현실적인 목표가 될 수 있다고 믿습니다. 교육을 진행하면서 만나는 사람들에게 물어보면 예외 없이 모두가 그런 일터를 원하고 있기 때문입니다. 간절함이 있다면 이미 그것은 가능한 것이 됩니다. 개인의 변화는 간절한 만큼 가능한 것처럼, 조직의 모든 변화도 구성원들의 절실함과 간절함 속에서 이루어져 왔기 때문입니다.

그러나 모두가 원하는 일터를 만들기 위해서는 우리의 간절함이 담긴 마음만으로는 부족합니다. 마음이 정확하게 잘 표현될 필요가 있습니다. 그리고 그 표현은 우리의 '대화'를 통해 이루어집니다. 습관적인 언어의 태도에서 살짝만 벗어나 다시 바라보면 우리는 얼마든지 서로를 보호하는 방식의 대화를 선택하여 사용할 수 있습니다. 그리고 그렇게 자리 잡은 대화는 상호 존중에 기반한 수평적인 권위가 살아 있는 기업 문화가 됩니다.

서로를 배려하면서도 솔직하게 말하고, 듣는 대화 방식을 통해 조직 내 갈등을 예방할 수 있습니다. 또 갈등이 생겼을 때는 분을 삭이거나 폭발하지 않고 그 갈등 속으로 담담히 걸어 들어가 대화를 통해 더 돈독하고 깊은 관계를 만들어 낼 수 있습니다.

이제 우리는 조직에서 갈등을 다룰 때 구체적인 공감의 대화 방식을 배울 필요가 있습니다. 모든 사람이 상호 이해 속에서 신뢰와 정서적인 안정감을 느낄 수 있기 때문입니다. 조직에서 바라는 협력과 창의적 성장은 신뢰와 소속감, 그리고 정서적인 안정감이라는 토대가 마련될 때만 피어나는 꽃입니다.

긍정적인 영향력을 발휘하는 리더들을 만나면서 그들의 성공적인 모습 가운데 공통적으로 발견한 특징은 매우 솔직하고 유연하다는 점입니다. 자신과 다른 의견을 수용하는 폭이 크고, 자신에 대한 피드백을 들으려고 노력하고, 부하 직원이 실수를 하더라도 그 시도가 바람직할 때는 인정해 주었습니다. 언제나 자신의 의견이 완벽하지 않다는 것을 스스로 상기하려 애를 썼고, 더 나은 의견 앞에서는 자신의 의견을 바로 내려놓았습니다. 그리고 자신의 기만적인 행위나 실수에 대해서 곧바로 인정하고 사과하는 용기가 있었습니다.

그들의 대화 방법은 매우 달랐습니다. 그래서 우리도 그들의 대화를 배워 보려 합니다. 많은 분들의 사례를 통해, 그리고 대화의 과정을 통해 하나씩 차근차근 연습해 보기를 권합니다. '안 된다'는 생각을 내려놓고 '해 보자'는 생각으로 연습하면 우리 모두가 가슴에서 원하는 리더의 모습으로 변해 있을 것이라 확신합니다.

무엇보다 책을 쓸 수 있도록 큰 용기와 도움을 주신 많은 '연결의 대화' 교육생들께 진심으로 감사의 말씀을 드립니다. 저와 함께해 주신 그분들의 웃음과 눈물을 통한 변화 덕분에 이 책을 쓸 수 있는 용기와 확신을 갖게 되었습니다.

또 대화와 관계에 대한 깊은 통찰과 영감을 준 여러 학자들에게도 감사를 드립니다. 삶의 고통도 성장의 밑거름임을 알게 해 준 저의 영원한 스승 빅터 프랭클, 우리 행동의 동기인 욕구와 선택 이론을 잘 설명해 준 윌리엄 글래서, 복잡한 삶의 여정을 수용할 수 있도록 안내해 준 스캇 펙, 평화로운 대화의 기술을 잘 정리해 준 마샬 로젠버그, 진정한 자존감의 중요성과 사회적 관심에 대해 깨닫게 해 준 아들러의 울림은 이 책의 토대가 되었고, 그 정신은 글 사이사이에 담겨 있습니다.

그리고 마지막으로, 언젠가 사회인이 될 저의 가장 사랑하는 아들 관훈이가 이 책을 펼칠 가까운 미래에는 서로 깊이 연결되는 대화 방식이 가정, 조직, 사회에 토착화되어 굳이 이 책을 읽을 필요가 없어지기를 바라는 마음입니다.

2016년 4월

박재연

저와 함께 대화 연습을 하실 여러분에게
도움이 되길 바라는 마음으로 부탁드리는 글

1. Chapter 1-3은 동료, 부하 직원, 상사와 대화를 시작하기 이전에 자신의 대화 패턴을 되돌아보고 정리할 수 있도록 돕기 위한 마음으로 썼습니다. 이 내용을 천천히 두 번에 걸쳐 읽어 보시기를 부탁드립니다.

2. 책의 순서는 제가 연습할 때 경험했던 난이도를 따라 정리했습니다. 제 경험상 차근차근 순서대로 연습해 보시는 것을 권유합니다. 마치신 후에는 상황에 맞게 필요한 내용을 찾아 연습하시면 도움이 될 것입니다.

3. 만약 다른 사람들에게 대화 교육을 진행할 목적으로 이 책을 보시는 분들이 있다면 다음 사항들을 권유합니다.

- 대중을 대상으로 하기에 앞서 소규모의 모임으로 시작하시기를 권유합니다. 먼저 개인적인 삶에서 변화를 경험하는 것이 좋습니다.
- 경험을 해 보신 후에는 필요한 사항들을 나름의 방식대로 인지하고 정리해 보시기를 바랍니다.
- 개인의 경험을 청중에게 강요하거나 옳다고 주장하기보다 자신에게는 도움이 되었다고 말씀해 주시기를 바랍니다.
- 이 책에 수록된 내용보다 함께하는 교육생들의 경험이 모두에게 더 많은 도움이 될 수도 있다는 가능성을 염두에 두시기를 바랍니다.

말이 통하지 않는 이유는 무엇일까?

문제를 해결하는 데 도움이 되었던 직관과 민첩한 판단이
인간관계에서는 오히려 걸림돌이 되는 순간을 많이 봅니다.
인간관계에서는 판단보다 "당신 입장에서는 그럴 수도 있겠군요.
그것을 인정합니다"라는 식의 인정과 수용이 도움이 된다는 것을 깨닫습니다.

Reason 1 _____

우리가 나빠서가 아니라
잘못 배워 왔기 때문입니다

어려서부터 우리는 이렇게 교육받았습니다. "1+1=2는 맞고, 1+1=1
은 틀렸어." 어떤 것은 '맞고', 어떤 것은 '틀리다'고 말이죠. 어려서
부터 우리는 "옳고 그른 것이 있다"고 배웠습니다. 남을 도와주는 행
동은 언제나 '옳은' 행동이고, 돕지 않고 지나치는 것은 '그른' 행동
이라고요. 어려서부터 우리는 "좋고 나쁜 것이 있다"고 들었습니다.
남들의 의견에 잘 맞춰 주면 '좋은' 성격이고, 반대의 의견을 내세우
면 '나쁜' 성격이라고 말이지요.

크면서 우리는 혼란스러웠습니다. 분명 저런 것은 나쁜 거라고 배
웠는데 어떤 사람들은 그게 좋은 거라고 합니다. 분명 틀린 것 같은데
그들은 우리가 틀린 거라고 합니다. 서로 이런 판단에 빠질수록 우리
는 상대와 대화하기가 어려워졌습니다. 그렇다고 뾰족한 방법을 알
수도 없었지요. 그래서 그때마다 우리는 침묵하거나 복종하고, 공격
하거나 회피해 왔습니다.

말이 통해야 일이 통한다

'그럴 수도 있겠다'는 이해에서 시작해요

문제를 해결하는 데 도움이 되었던 직관과 민첩한 판단이 인간관계에서는 오히려 걸림돌이 되는 순간을 많이 봅니다. 인간관계에서는 판단보다 "당신 입장에서는 그럴 수도 있겠군요. 그것을 인정합니다"라는 식의 인정과 수용이 도움이 된다는 것을 깨닫습니다.

그 과정이 있을 때 비로소 다른 의견을 수용하려는 태도가 생겨납니다. 결국 대화의 목적은 문제의 해결이 아닌 서로의 관점을 이해함으로써 서로 '연결'되는 것임을 알게 됩니다. 우리가 조직에서 그토록 바라는 효율적인 문제의 해결은 서로가 정서적으로 연결된 후에 자연스럽게 이루어지는 창조적 결실입니다.

언젠가 지인들과 모여 카드놀이를 한 적이 있습니다. 저마다 배우고 학습한 룰을 내세우며 우리는 갈등을 경험했습니다. 결국 서로 자신이 옳다고 믿는 생각을 내려놓고, 대화를 통해 새로운 룰을 만들고, 동의할 수 있는 기준을 정하고 나서야 즐겁게 게임을 할 수 있었습니다.

우리가 받은 학습과 교육은 지식을 쌓고 문제를 해결하는 데 도움이 되기는 했지만 대화를 통한 인간관계에 있어서는 정답을 찾으려고 하면 할수록 많은 혼란을 낳았습니다. 이렇듯 살면서 배운 기준들은 서로를 평가하는 잣대로 사용되는데, 그 안에서 우리는 판단하며 갈등을 경험합니다.

"신입 사원들이 뭘 알겠어? 시키는 대로 하는 게 맞는 거야."
"네가 하는 행동은 조직엔 어울리지 않아."

"그 사람은 도대체가 말이 안 돼."

"그 팀장은 독선적이라 대화가 안 통해."

우리가 옳다고 믿는 대로 행동하지 않는 상대를 볼 때 우리는 그와 대화하기 힘들어지고, 그를 공감하기도 이해하기도 어려워집니다. 우리가 대화를 하기 힘들어하는 이유는 우리 자신이나 상대가 나빠서가 아닙니다. 그보다는 우리가 받아 온 교육이나 학습된 것들이 판단에 많이 치중되어 있기 때문입니다. 만약 이런 판단과 해석이 우리 안에서 녹아 희석된다면 우리는 그만큼 나 자신을 받아들이는 수용력과 상대를 받아들이는 포용력을 넓힐 수 있게 됩니다.

판단과 평가, 비난은 '사실'과 다릅니다

조용히 바라보세요. 지금 당신 앞에 누군가가 있다면 그를 속으로 판단해 보세요. 잘 아는 사람이든 아니든 어렵지 않게 판단할 수 있을 것입니다. 속으로 질문해 볼까요? 지금 그 상대를 판단한 내용들 중 얼마큼이 진실에 가까울까요? 그 말을 상대에게 한다면 그가 얼마큼 동의할 것이며, 어떤 마음이 들까요? 그 판단이 그와의 관계에 도움이 될까요?

생각해 보세요. 우리가 스스로를 판단했던 말들은 어떤 것들인가요? 모든 경우에 일치할까요? 상대가 당신을 그렇게 판단했을 때 그중에 얼마나 동의했나요? 그 판단이 상대와의 관계에 도움이 되었나요, 방해가 되었나요?

대화 연습

1. 오늘 하루 속으로 상대를 평가했던 말들을 떠오르는 대로 적어 보세요.

2. 그 말들이 사실이라고 생각하면서 상대를 바라보세요.

3. 그 말들이 사실이 아니라고 생각하면서 상대를 바라보세요.

4. 어떤 차이가 있는지 생각해 보세요.

내가 옳다고 믿는 것이
정답이라고 생각하기 때문입니다

"김 과장, 이제 그 정도 경력이면 이 정도는 할 수 있어야지."

"도대체 몇 번을 얘기해? 똑바로 하란 말이야."

"김 대리, 박 대리랑 입사 동기 아니야? 왜 이렇게 달라? 박 대리 보고 좀 배워."

"군소리하지 말고, 시키면 시키는 대로 해!"

우리는 우리가 옳다고 믿는 것이 너무나 커서 동료의 말에 귀를 닫았고, 상대의 고통을 느끼지 못했습니다. 우리는 우리에게 중요하다고 여겨지는 게 너무 강렬해서 상대를 움직이게 만들고 싶었고 다른 사람의 행동과 그를 비교하며 말했습니다. 그렇게라도 해서 상대가 변화한다면 그에게 중요한 것을 가르칠 수 있을 거라 믿었지요.

그런데 어느 순간부터 우리의 동료는 간절한 마음의 진심이나 의도를 우리에게 들려주지 않고 조용히 움직였습니다. 그리고 점점 더 우리에게서 멀어져 갔습니다. 언젠가 망가지고 다쳐 쓰러진 동료를 보았을 때 우리는 우리가 얼마나 큰 대가를 치러야 하는지 알게 되었습니다. 우리가 옳다고 믿는 생각과 신념이 확실하고 강해질수록 우리는 영혼의 눈이 감기는 맹인이 되어 가고 있었고, 동료들은 다치고 무너져 왔다는 것을 말이지요.

우리는 상대에게 진정으로 사과하는 마음을 표현하고 싶었습니다. 그래서 고개를 숙이고 침묵하는 동료나 부하 직원에게 우리가 아는 최선의 방식으로 말했습니다. "지금 당장 고개 들고 일어나 앉아서 내 말을 들어!"라고요. 우리가 알고 있는 대화의 방식은 그게 전부였습니다. 우리는 말할 수 없이 참담하고 좌절했습니다. 우리가 원하는 강하고 따뜻한 조직의 문화를 만들어 가기에는 우리도 경험한 바가 너무 없다는 사실을 깨달았습니다.

폭력적인 방식은 관계의 단절을 낳을 뿐입니다

우리는 자신이 옳다고 믿는 것을 상대에게 강요하고 협박하며, 때로는 다른 사람들과 비교를 해서라도 움직이게 만들고자 합니다. 미숙하다고 믿는 부하 직원에게 자신감을 심어 주기 위해서, 사랑하는 자녀에게 옳다고 믿는 교육 방식을 가르치겠다는 마음에서, 내 마음을 알아주지 않는 상사나 부모님께 타인의 이야기를 은근히 들려주며 알아차리게 하기 위해서이지요.

그러나 누군가를 움직이기 위해서 힘을 쓰려 하면 할수록 우리는 우리가 얼마나 폭력적으로 변할 수 있는지를 깨닫게 될 것입니다. 그리고 그 대가는 관계의 단절과, 조직의 침묵으로 돌아온다는 사실을 배우게 됩니다.

누군가로부터 강요나 협박하는 말, 그리고 비교하는 말을 들을 때 우리는 상대의 마음을 헤아리기보다는 자신의 열등감을 생성해 내느라 바빠집니다. 어려서부터 이런 식의 대화를 경험하게 되면 성인이 되어서도 자기 자신에 대한 열등감이 커서 상대의 말을 오해 없이 듣기가 힘들어집니다. 또 이렇게 듣고 자라 온 우리는 우리가 들어 온 방식대로 말을 하게 되어 상대에게 아픔을 주기도 합니다. 열등감이 커질수록 우리는 권력과 재물 그리고 학벌에 집착하게 되고, 어떻게든 힘을 가지려고 노력하게 됩니다. 그것은 관계의 단절을 초래하며, 비효율적이고 수동적인 복종과 저항만 가져올 뿐입니다. 말을 해도 상대가 알아듣지 못하는 이유가 여기에 있습니다.

하지만 우리는 스스로 움직이고 싶을 때만 진정으로 변화할 수 있습니다. 그리고 그런 마음으로 상대에게 무언가를 해 줄 때만 진정으로 기뻐할 수 있습니다. 강요를 하면 상대의 행동을 단기적으로 움직일 수 있을지 몰라도 마음은 점점 멀어지고 단절되어 갑니다. 강요나 비교를 당하지 않아도 우리는 배울 수 있고 움직일 수 있습니다.

우리가 비교하고 강요하며 대해 왔던 상대에게도 그런 능력이 있습니다. 무언가 강요해야만 그가 움직일 것이라고 믿었다면 그것은 우리의 착각임이 분명합니다. 강요와 비교를 통해 얻을 수 있는 것은 단절과 고립뿐입니다.

어떤 사람과 일하고 싶나요

저는 교육 때마다 "어떤 사람이 불편합니까?"라는 질문을 합니다. 그럼 이런 답이 나옵니다.

> "건성으로 듣고 결국 자기 하고 싶은 대로 하는 상사요."
>
> "말해 보라고 해서 말하면 비난하고 무시하는 사람이요."
>
> "이유는 듣지 않고 무조건 하라고 하는 상사요."
>
> "아무 말 안 하고 뚱한 표정으로 눈치 보게 만드는 부하 직원이요."
>
> "쳐다보지도 않고 자기 말만 하는 사람이요."

반대로 "어떤 사람과 일하고 싶습니까?"라는 질문에는요?

> "동의하지 않아도 끝까지 들어 주며 그럴 수 있겠다고 말해 주는 상사요."
>
> "제 제안에 대해서 수락해 주진 않더라도 기억하고 있겠다고 말해 주는 상사요."
>
> "고맙다는 말을 자주 해 주는 동료요."
>
> "제 상황이나 기분을 고려해 자기 의견을 말하는 부하 직원이요."
>
> "실수에 대해 나무라더라도 저를 배려해 얘기해 주는 상사요."

천천히 생각해 보세요. 누군가가 우리에게 강요했을 때 어떤 마음이 들었나요? 상대가 바라는 대로 움직여야 했다면 그땐 어떤 마음으로 했나요? 생동감이 느껴졌나요, 무력했나요? 상대가 바라는 대로 움직이지 않고 거부했다면 그땐 어떤 마음이었나요? 편안했나요, 불편했나요, 화가 났나요, 두려웠나요? 그 사람을 다시 보고 싶었나요, 보고 싶지 않았나요?

질문을 드려 봅니다. 어떤 사람이 되고 싶나요? 다시 보고 싶지 않은 사람이 되고 싶나요, 다시 보고 싶은 사람이 되고 싶나요?

대화 연습

1. 나와 가까운 상대에게 강요하게 되는 때를 의식해 보세요.

2. 그때 했던 강요나 비교의 말을 떠오르는 대로 적어 보세요.

3. 내가 상대라면 그 말을 듣고 어떤 기분이 들지 생각해 보세요.

상사니까 당연히, 부하 직원이니까 마땅히
그래야 한다고 믿기 때문입니다

"저는 우리 팀 대리가 정말 못마땅합니다. 수시로 자리를 비우고 책임감도 없지요. 회사가 일터인지 자기 집인지 구분을 못하는 것 같습니다. 요즘 젊은 사람들은 책임감이 너무 없어요. 정말이지 그 대리 때문에 저는 업무에 차질을 많이 겪습니다. 그런 사람은 조직에서 나가 주는 게 낫지요. 정말로 제 리더십이 문제가 아닙니다. 그 사람이 제대로만 한다면 제가 비난할 일도 없어요. 당연히 리더 말을 잘 들어야 하고, 자기 업무에 대해 완벽하게 처리해야 하는 것 아닙니까? 모든 게 제 책임은 아니잖아요?"(상사의 마음)

"저는 우리 팀 부장님이 정말 이해가 안 됩니다. 제가 업무 중에 화장실에 가는 것까지 참견을 하니까요. 제가 소변 마렵다고 보고하고 움직이며 직장 생활을 해야 합니까? 본인의 리더십이 형편없는 것은 생각하지 않고, 모든 것을 남 탓 하고 자기 책임을 인식하지 않아요. 저런 사람이 리더로 앉아 있으니 조직이 잘될 리 없지요. 저뿐만이 아니라 다른 사람들도 다 그렇게 생각해요. 빨리 다른 부서로 배치되면 좋겠어요. 당연히 리더라면 행동으로 먼저 모범을 보이고 믿어 줘야 하는 거 아닐까요? 이게 어떻게 제 책임입니까?"(부하 직원의 마음)

우리가 대화를 통해 관계가 더 어려워지는 이유는 오로지 자기 기준에서 옳고 그른 판단을 하려는 습관과 원인을 어느 한 측이 전부 책임지도록 떠넘기거나, 마땅히 해야 한다고 믿는 기준들 때문인 것 같습니다. 그런 마음가짐으로 상대를 대하면 상대는 문제가 가득한 한심한 존재일 뿐입니다.

앞의 사례에서 상사와 부하 직원은 서로의 잘못을 들추고 서로가 해야만 한다고 믿는 '당연한' 일들에 가려져서 상대의 말을 들으려고 하지 않았습니다. 이처럼 당연한 것들과 책임을 회피하는 모습은 어디에서나 쉽게 발견할 수 있습니다.

당연하다고 여기는 것부터 짚고 넘어가야 합니다

리더십에 대해 큰 영감을 준 사이먼 사이넥은 '부모 리더십'에 대해 말했습니다. 그는 자녀를 대하는 부모의 마음으로 부하 직원을 살피고 챙기는 리더십에 대해 언급함으로써 큰 인기와 공감을 불러 모았습니다.

사이먼의 말대로 위험에 처했을 때 대부분의 부모들은 자신의 몸을 던져 자녀를 구할 것입니다. 왜냐하면 사랑하기 때문이지요. 부모는 옳은 것을 격려해 주고, 자신이 알고 있는 지식과 경험을 아낌없이 나누어 줍니다. 또한 위험한 것으로부터 보호해 주고, 누군가에게 피해가 되는 행동을 했을 때는 가르쳐 줍니다. 이러한 일련의 행동들이 리더십에 중요한 요소가 된다는 점에 우리 모두는 동의할 수 있습니다.

그런데 모든 부모가 자녀를 사랑하지만 그 사랑을 자녀에게 바르게 전달하고 있는지는 의문입니다. 만약 모든 부모가 자녀에게 사랑의 마음이 온전히 전달되도록 교육하고 있다면 우리 사회에 학교 폭력과 일탈 청소년이 없어야 할 것입니다. 우리는 이미 사랑의 마음을 폭력적으로 전달하는 것에 익숙해 있습니다. 자녀를 사랑하지 않아서가 아니듯이, 부하 직원이나 동료를 싫어하거나 미워해서가 아닙니다. 우리의 문제는 강요하고 비교함으로써 상대에게 무언가를 가르치는 방식에 길들여져 왔다는 것입니다.

저는 제 아이가 학생으로서 공부하는 것이 당연한 의무이자 마땅히 해야 하는 것이라고 생각했습니다. 하지만 아이는 수업 시간에 집중하는 것을 무척 어려워했습니다. 저는 그런 아이를 이해하고 싶지 않았습니다.

"학생이 공부해서 대학 가는 건 당연한 거 아니니?"

"네가 공부 안 하는 것까지 엄마 책임은 아니야."

"네가 제대로만 하면 엄마가 이렇게 하진 않지."

"몰라. 엄마도 이제 모르겠으니 네 맘대로 해 봐, 어디."

　당연히 해야 할 일을 하지 않는 아이를 볼 때마다 저는 부모로서 할 만큼 했다고 생각했기에 더 이상 모든 것이 제 책임이라고 생각하지 않았습니다. 그리고 그럴수록 아이를 더 비난하고 강요하게 되었습니다. 그런데 마땅히 해야 하는 일들과 책임을 회피할수록 저 자신도 상대도 고통을 받는다는 것을 예전에는 미처 알지 못했습니다. 그런 말이 상대를 더 무력하게 만들고, 저 자신도 외로워지고 고립된다는 생각을 하지 못했습니다.

　어느 날은 아이가 선생님으로부터 집중도 잘하고 열심히 했다는 칭찬을 들었다고 했습니다. 하지만 저는 '당연히 해야 하는 일을 했을 뿐 칭찬받을 일도 아니야'라는 식으로 아이를 대했습니다. 오히려 '할 수 있는 일을 그동안 왜 하지 않았지?'라는 생각이 들어 화가 나고 답답해지기조차 했습니다. 당연한 것들과 책임을 회피하는 우리의 삶에는 감사함이 없습니다.

　우리의 조직은 어떻습니까? 우리는 서로에게 강요와 비교를 하면서 서로의 삶을 피폐하게 만드는 데 얼마나 기여하고 있습니까? 우리가 진정으로 서로 연결되기를 바란다면 이런 패턴을 솔직히 받아들이고 넘어갈 필요가 있습니다.

동기부여는 언제 되는 걸까요

생각해 보세요. 살면서 의무감으로 당연히 해야 하는 일들을 할 때 어

말이 통해야 일이 통한다

떠했나요? 그 일을 할 때 진정한 보람과 기쁨을 느낄 수 있었나요?

질문해 보세요. 상대가 무언가를 나에게 해 주었을 때 '그 정도는 당연히 해 줘야지'라고 여길 경우 상대에게 고마운 마음이 들었나요? 또한 당연히 해야 하는 일을 상대가 나에게 해 주지 않았을 때 얼마나 쉽고 빠르게 상대를 비난했었나요? 혹시 그 일이 정말로 상대가 나에게 당연히 해야 하는 일이었나요?

동기부여는 리더의 말과 행동에 따라 촉진되는지 아닌지가 결정되는 것입니다.

대화 연습

1. 내가 당연하다고 여기는 일들을 생각하거나 적어 보세요.

2. 내가 그것을 했거나 하지 않았을 때 어떤 기분이 드는지 느껴 보세요.

3. 상대가 당연히 해야 하는 일에 대해 적어 보세요.

4. 상대가 그것을 안 했을 때 내가 어떤 방식으로 그를 대했는지 생각해 보세요.

5. 그것이 상대와의 관계에 어떤 영향을 주었는지 생각해 보세요.

Reason 4 ───────────────
우리의 경험과 평가를
'사실'이라고 믿기 때문입니다

어느 기업에서 특강을 할 때의 일입니다. "자기 자신에 대한 긍정적
인 평가를 적어 주세요. 누군가로부터 들었던 말 중에 동의하는 내용
도 좋습니다. 들었던 것들을 기억나는 대로 다 적어 봐 주세요."라는
저의 요청에 많은 사람들이 열심히 적기 시작했습니다.

> "나는 다정한 아빠다."
> "나는 사랑스러운 딸이다."
> "나는 지혜롭고 때로 용감하다."
> "나는 모험을 즐길 줄 알고 유머러스하다."
> "나는 꽤 리더십이 있다는 말을 듣는다."

저는 사람들이 적어 내려가는 스스로에 대한 평가의 말들을 찬찬
히 보며 걷다가 한 분 앞에 멈췄습니다.

"나는 배려심이 참 많다."

"김 차장님, 차장님은 스스로도 배려심이 많다고 생각하시나요?"
"네."
"그럼 혹시 차장님이 생각하시기에, 자신이 배려심이 많다고 생각된 구체적인 상황이나 사건을 하나만 얘기해 주시겠어요?"
"얼마 전 친구들 몇몇이 모이기 시작했는데 점점 사람이 많아진 거예요. 다 먹고 난 후 친구들이 불편하지 않게 제가 계산을 했습니다."
"네. 그런 스스로의 행동을 떠올릴 때 배려심이 많다고 생각하셨군요. 그렇다면 그 행동을 하셨을 때 차장님은 기쁘셨나요?"
그분은 가만히 침묵한 후에 대답했습니다.
"아니요, 기쁘지 않았네요. 제가 원해서 한 건 아니었어요. 그러고 보니 원치 않은 상태에서 한 때가 많았어요."
'당신은 배려심이 많은 사람입니다. 그러니 배려심 있게 행동하시겠지요? 아니, 배려심 있게 행동하실 필요가 있습니다. 그게 배려심 많은 것이지요. 반드시 배려심이 있으셔야지요. 그렇게 하지 않는다면 인정받지 못할 테니까요.'
이것이 바로 꼬리표가 갖고 오는 강요의 힘입니다. 나 자신에게도 상대에게도 말이지요.

단정적인 꼬리표는 단절을 가져옵니다
저는 사람들에게 '말하고 듣는 방법을 다시 배움으로써 상호 존중할 수 있는 대화의 경험을 돕는 교육'을 안내하는 일을 하고 있습니다. 많은 사람들은 이런 일을 하는 제가 매우 따뜻하고 평화로운 사람이라고 생각합니다. 저도 종종 저 자신에게 따뜻하고 평화로운 사람이 되어야 한다고 말합니다.

그런 제가 운전하는 자동차에 함께 탔다고 가정해 봅시다. 즐겁게 대화를 나누며 가는데, 옆 차가 깜빡이를 켜지 않고 제 차 앞을 추월해서 들어왔습니다. 그때 제가 "저런 미친 인간!"이라고 한다면 그런 저를 보며 어떤 평가를 내리시겠습니까? 아마도 '이중적인 사람' 혹은 '말과 행동이 일치되지 않는 사람'이라고 하실지 모르겠습니다.

그런데 그다음 날 다시 제 차에 탔습니다.(어쩌면 전날의 기억 때문에 타기 싫으실지도 모르겠습니다.) 횡단보도의 신호등이 빨간불일 때 갑자기 한 행인이 뛰어들어 제 차에 치일 뻔했습니다. 그때 제가 급히 차에서 내려 그 사람을 살피며 "괜찮으세요? 많이 놀라셨지요? 급한 일이 있으셨나 본데, 빨간불이랍니다. 저도 많이 놀랐어요. 다치지 않으셔서 참 다행이에요. 제가 도와드릴 일이 있을까요?"라고 한다면 그 모습을 보고 어떠시겠습니까?

이쯤이면 제가 어떤 사람인지 모호해져서 혼란스러우실지 모르겠습니다. 그래서 다른 사건을 빨리 경험해서 저에 대한 이미지를 확정하고 싶으실 수 있겠지요. "박재연은 종잡을 수 없는 사람이야"라고 하면서 말입니다.

우리는 누군가의 특정한 모습을 보고 판단하게 됩니다. 그런 판단이 반복되면 '저 사람은 어떤 사람이야'라고 단정적인 꼬리표를 붙이

말이 통해야 일이 통한다

게 되는데, 이런 꼬리표는 우리의 관계를 연결시키기보다는 단절시키는 결과를 갖고 옵니다. 왜냐하면 자기가 아는 이미지로만 상대를 보려 하기 때문입니다. '저 사람은 자기중심적이야. 그러니 우리 말을 들을 리 없어'라고 미리 확실시해 놓는 것이지요. 그래서 그 사람과는 말을 하지 않거나 혹 자기보다 힘이 있다고 여겨질 때에는 알아서 복종하기도 합니다. 상대가 지닌 다른 모습을 보려 하지도 않고 말이지요.

이처럼 우리의 대화가 잘 이루어지지 않는 이유 중 하나는 상대에 대해 부정적인, 혹은 긍정적인 꼬리표를 갖고 마주하기 때문일 수 있습니다. 왜곡된 해석과 꼬리표는 우리를 기계화하는 폭력적인 힘입니다.

만일 조직의 구성원들이 동시에 "당신은 정말 착해"라고 지속적으로 이야기한다고 생각해 보세요. 업무와 관련해 화가 나도 그들 앞에서 불쾌한 감정을 표현하지 못하고 숨겨야 한다고 생각할 수도 있지 않겠습니까? 그러면 솔직한 대화를 나누기가 어려워질 수 있습니다. 더 비극적인 사실은 그런 꼬리표가 점점 우리 자신이 삶의 주인으로 살아가지 못하게 하는 힘이 된다는 것입니다. 상대에게 맞추는 데 온 에너지를 써야 하기 때문이지요.

인간은 하나의 꼬리표로 규정될 수 없는 존재입니다

생각해 보세요. 동료나 상사가 우리에게 붙여 놓은 꼬리표 때문에 우리가 얼마나 억울하고 답답했나요? 또 우리가 동료나 부하 직원에게 붙여 준 꼬리표가 상대에게 어떤 의미였는지에 대해서도 생각해 보세요. 그런 꼬리표를 붙이고 살아가야 한다고 생각하면 어떤 기분이 드나요? 어쩌면 상대는 너무 억울하고 절망적이었을 수도 있을 것입니다. 우리가 누군가로부터 단정적인 말을 들었을 때처럼요.

　대화를 잘한다는 것은 이런 내적인 평가로부터 자유로워짐을 의미합니다. 우리가 누군가에게 '이기적인 인간'이라고 단언했다면, 상대가 과연 모든 사람에게 늘 이기적인지 살펴볼 필요가 있습니다. 대화는 그 후에나 가능해질 테니까요.

대화 연습

1. 내가 상대에게 붙였던 '평가의 꼬리표'를 적어 보세요.

2. 그 꼬리표의 이미지와 다른 상대의 모습을 찾아보고 관찰해 보세요.

3. 그 꼬리표가 진실이었는지 다시 확인해 보세요.

4. 그 꼬리표로 상대를 평가했던 나 자신을 생각해 보세요.

5. 나 자신을 비난하지 않으면서 충분히 내 안에서 올라오는 감정을 느껴 보세요.

말이 통하는 사람은
감정을 다루는
방법이 다르다

감정의 원인이 상대 때문이라고 믿을수록 우리 감정을 조절할 수 있는 주인은
우리가 아니라 상대가 되는 것입니다.
그런 왜곡된 믿음 속에선 상대가 무언가 해 주기 전까지
우리는 그 감정에서 벗어날 수 없게 됩니다.

분노와 화는
잘 보살필 수 있는 감정입니다

"예전에 제 부하 직원에게 있었던 일입니다. 저는 나름대로 애정을 갖고 돌봤다고 생각한 부하 직원이었지만 부득이하게 그를 타 지방 부서로 배치하게 되었고, 그 과정에서 서로 기분이 좋지 않게 되었습니다.

얼마 후 지방에서 있었던 회의에 참석했을 때 그를 마주하게 되었습니다. 제가 인사를 먼저 했는데도 저를 보고 외면하더군요. 저는 걷잡을 수 없이 불쾌했습니다. 본인이 실수한 것들에 대해서는 인정하지도 않고 단지 제가 지방 부서로 보냈다고 저를 무시하는 태도에 대해 정말 화가 났습니다. 당장 따지려고 했다가 일단 참았습니다. 그리고 '화는 상대 때문이 아니라 자신에게 중요한 무언가가 되고 있지 않다는 신호'라는 말을 떠올렸습니다. 저는 저에게 중요한 것이 무엇인지 찾아보았습니다. 그리고 쉽지 않았지만 그 답을 찾을 수 있었습니다.

저는 리더로서 때론 무겁게 의사결정을 해야 한다는 제 입장에 대해선 이해를 받고 싶습니다. 물론 그 직원에게 그와 같은 이해를 받기란 어렵다는 것을 압니다. 또 하나 제 마음 깊은 곳에는 누군가를 대하더라도 반갑게 환영하고 친밀하게 지내고 싶은 마음이 있습니다. 저는 그런 사람으로 살고 싶습니다. 그래서 그 직원을 봤을 때 반갑게 인사했던 것입니다. 이 사실을 알게 되니 상대가 받아 주든 그렇지 않든 중요함이 덜해졌습니다.

그 후 그 직원을 또 만나게 되었습니다. 저는 다시 인사를 건넸고, 그는 역시 지나쳤습니다. 그런데 제 옆의 직원이 저에게 말했습니다.

'팀장님, 방금 김 차장님이 팀장님을 보는 눈빛이 좀 다르네요.'

사실 그 순간 저도 그걸 느꼈습니다. 회의를 마치고 회식 자리에 도착했을 때 그 부하 직원의 앞자리만 남아 있었습니다. 그래서 그 자리에 앉았는데 그가 제게 말했습니다.

'팀장님, 제가 한 잔 따르겠습니다.'

저는 운전을 해야 한다고 말했지만 그는 '그래도 제가 한 잔 드리고 싶습니다. 받아만 주세요'라고 했습니다. 저는 직장 생활을 하면서 저 스스로에게 무척이나 뿌듯한 마음을 갖게 되었습니다. 또 앞으로의 관계에서도 좀 자신감이 생겼습니다."

어느 누군가가 우리를 화나게 한 것이 아닙니다

만약 홍 팀장이 부하 직원에게 화를 내면서 "너 사람이 안 보이냐?"라고 말했더라면 그는 빈정거리는 목소리로 "죄송합니다. 제가 못 봤습니다"라고 했을지 모릅니다. 그런 사과는 팀장의 마음을 편안하게 해 주지 못했을 것입니다. 상대에게 화를 내면서 우리가 진정으로 원하는 결과를 보기란 실로 불가능할 때가 많습니다.

분노와 화는 자신과 상대를 향한 무한한 폭력성의 화약고가 될 수 있습니다. 이 감정을 해석하는 과정에서 발생하는 '폭력의 정당성'에 대해 깊이 생각해 보는 것은 대화의 전제로 매우 중요합니다. 이를 위해 제가 강의를 하게 될 때면 꼭 묻는 말이 있습니다.

"살면서 한 번이라도 나 자신이 누군가로부터 맞거나 비난이나 욕을 좀 들어 봐야 정신을 차리고 행동을 바꿀 수 있다고 믿은 적이 있나요?"

이 질문에 모두가 "아니요"라고 했습니다. 아직까지 "네"라고 답하는 사람을 한 번도 본 적이 없습니다.

"반대로, 우리 마음에 들지 않는 그 누군가가 좀 맞아야 되고 비난을 들어야 그 행동을 고칠 거라 생각한 적은 있나요?"

이 질문에는 대부분의 사람들이 "네, 있어요"라고 답합니다.

저는 우리가 스스로 '내가 옳아'라고 생각하며 자신의 폭력성에 대해 합리적이라고 여길 때 얼마나 폭력적으로 변해 갈 수 있는지를 경험했습니다. 이렇게 폭력적인 언행은 직장 내에서 권위자가 부하 직원을 대할 때 행동으로 드러납니다. 또한 가정에서 부모가 자녀를 대할 때 나타납니다. 공동체가 같이 움직이고자 할 때 다른 뜻을 지닌 개인을 대할 때도 표현됩니다. 서비스를 받는 자가 제공하는 자를 대할 때도 드러납니다.

상대로 인해 우리 자신이 화가 난다고 생각될 때 우리는 그에게 폭력적인 언행을 해도 죄책감을 느끼지 않게 됩니다. 우리 자신의 양심이나 윤리성을 상실하게 되기 때문입니다. "너 때문에 내가 화내는 거야!"라고 하는 것이지요.

진실은 이렇습니다. 어느 누구도 우리를 화나게 할 수 없습니다. 우리가 화가 난 것뿐입니다. 우리가 원하는 것이 이루어지지 않아서 화가 날 수는 있지만, 상대가 우리에게 화를 내게 해 주진 못합니다. 우리가 화가 났을 때 그 원인이 상대 때문이라고 믿을수록 반드시 상대가 무언가를 해 주어야만 우리의 화가 풀어진다고 믿게 됩니다. 그렇다면 우리 감정의 주인은 우리가 아니라 상대가 되는 것입니다. 그 의미는 다시 말하면, 우리 삶의 열쇠를 상대에게 넘겨주겠다는 뜻이기도 합니다. 분노와 화는 상대가 우리에게 무언가를 해 주어야 해소되는 것이 아니라 우리가 스스로를 더욱 잘 보살필 필요가 있는 감정입니다.

홍 팀장이 만약 그 부하 직원이 자신에게 사과를 해야만 리더로서 권위를 찾을 수 있다고 생각하고 화를 냈다면 어떻게 되었을까요? 어쩌면 지금까지도 화가 나 있을지도 모르겠습니다. 그러나 그는 자신의 화라는 감정에 대해 자신이 책임을 졌습니다. 화가 난 원인을 부하 직원에게서 찾지 않고 자신에게 중요한 것에서 찾았습니다.

저는 삶의 주인으로서 살아가는 기쁨을 맛본 홍 팀장의 리더십이 무척 기대가 됩니다. 그리고 그 리더십을 경험한 부하 직원이 진심으로 뉘우치고 배웠다고 생각합니다.

화는 우리 자신의 욕구에 의해 결정되는 감정입니다

만약 우리가 상대 때문에 너무 화가 나서 참을 수가 없다고 생각한다면 그를 향해 고함을 지르며 "너 때문에 화가 났으니 네가 책임져!"라고 말할 수 있습니다. 그래서 화는 종종 '스스로는 통제하지 못하는 어떤 것'으로 여겨지기도 합니다.

정말 그런지 생각해 볼까요? 상대에게 통제할 수 없는 화를 내고 있는데, 갑자기 심한 어지러움이 동반된 현기증이 몸에 나타났다고 해 봅시다. 계속 화를 내고 싶어질까요? 그럼에도 불구하고 상대에게 못다 한 화를 내고야 말겠다는 사람은 어느 누구도 없을 것 같습니다. 그 순간 화보다 내 몸을 돌보려는 욕구가 우선 되기 때문입니다. 그리고 화가 나는 감정보다는 건강에 대한 불안과 걱정이라는 감정이 앞서게 될 것입니다.

우리는 왜 절대 못 참을 것같이 화가 나는 순간임에도 불구하고 어떤 경우에는 이렇게 갑자기 화가 사라지는 것일까요? 우리를 화나게 만들었다고 믿는 상대가 바로 눈앞에 있는데도 말이지요. 스스로에게 질문해 볼까요? 우리는 정말 상대 때문에 화가 난 것일까요? 그렇게 믿고 해석했기 때문일까요? 화는 상대 때문이라고 믿을 때에만 통제하기 어려운 감정이 됩니다. 그러나 화는 우리가 필요로 하는 욕구에 따라 변하는 나의 감정이고, 충분히 다스려지고 관리될 수 있습니다.

대화 연습

1. 소중한 사람에게 "너 때문이야"라고 말하면서 화를 낸 경험을 떠올려 보세요.

2. 그때로 돌아가 다른 방법을 찾아본다면 어떻게 행동하겠는지 생각해 보세요.

3. 만약 그랬다면 당시 어떤 관계가 되었을지 생각해 보세요.

   (화에 대한 연습은 Chapter 7의 'Expression 8 화가 났을 때 자기감정에 책임지고 명료하게 말하는 방법'에서 좀 더 자세히 다룹니다.)

불안과 두려움도
관계를 돈독하게 해 줄 수 있습니다

기업에서 대화 교육을 할 때면 조직 내의 이슈를 다루기 이전에 개인 적인 이야기들을 하도록 안내합니다. 그리고 간단하지 않은 질문들을 던집니다. 물론 개인이 말을 할 땐 다른 팀원들이 그의 말을 잘 들어 주는 연습도 하게 됩니다.

"만약 당신이 한 달밖에 살지 못한다면 무엇을 할 것이며, 그 이유는 무엇입니까?"

석 팀장은 머쓱하게 웃더니 한숨을 쉬며 말했습니다.

"쉽지 않은 질문인데요."

그리고 잠시 후 말을 이어 갔습니다.

"저는 첫째는 그냥 조용히 하던 일을 계속하겠습니다. 제가 왜 한 달밖에 살지 못하는지 그 이유를 모르기 때문에 하던 일을 계속하면 서 아무에게도 티를 내지 않겠습니다. 둘째는 보험을 가능한 한 많이 들어야겠어요. 셋째는 부모님과 잠시라도 여행을 함께 가고 싶습니다. 그렇게 소원이신데 아직 제가 못했습니다. 마지막은 우리 아들이 저랑 암벽 등반을 하고 싶어 했는데 틈나는 대로 자주 가 주고 싶습니다. 상상인데도 쉽지 않네요. 가족들이 제일 걱정됩니다."

저는 팀원들이 서로의 이야기를 어떻게 들어 주고 있는지를 지켜보았습니다. 석 팀장의 상사인 이 상무는 그만 눈에 눈물이 글썽거렸습니다. 그리고 석 팀장의 부하 직원인 김 과장은 가만히 있다가 "과장님, 가족들을 무척 생각하시네요. 제가 슬퍼집니다"라고 했습니다. 그 말을 들은 석 팀장이 저를 보며 말했습니다.

"선생님, 이런 게 공감이라는 것이군요."

저는 한 가지 질문을 더 드렸습니다.

"팀장님을 위한 것은 없나요?"

석 팀장은 이렇게 답했습니다.

"네. 늘 불안 불안합니다. 회사가 아무리 직원들을 챙겨 주어도 직장인들의 운명은 회사의 손에 놓여 있다 보니 언제까지 일할지도 모르고, 가족들을 잘 키워 내고 돌봐야 하니까 불안하지요. 불안합니다. 허허."

불안과 두려움을 나눌 때 평온하고 강해질 수 있습니다

불안과 두려움은 우리 자신을 보호해 주는 역할을 하기도 하고, 미래를 준비하는 힘이 되기도 하며, 한편으로는 침착함을 잃기 쉬워서 관계에 있어 잦은 실수를 초래합니다.

저는 언제부터인가 대한민국 남성들에 대한 연민(compassion)이 깊어지기 시작했습니다. 불안과 두려움이 여성들에게 더 클 것이라고 생각했던 선입견이 모조리 사라지는 경험을 하면서였습니다. 그 계기는 기업에서 남성들을 중심으로 대화 교육을 진행할 때 찾아왔습니다. 교육 첫 회에 그분들은 이런 이야기를 하셨습니다.

"전 경상도 남자라서 이런 대화 잘 못합니다."
"조직에서는 개인적인 이야기는 할 필요가 없습니다."
"저는 공대 출신입니다. 어색하고 불편합니다."
"남자는 원래 여자랑 달라 감정적인 대화가 체질상 맞지 않아요."
"어려서부터 부모님과도 자세한 대화를 안 하며 잘 살았습니다."

그런데 대화 교육을 차차 진행하면서 남성들의 눈물을 가끔 보게 되었습니다. 눈물을 삼키며 참으려는 모습은 좀 더 자주 보았습니다. 가족들에게도 말 못했던 불안, 동료들과 상사에게 드러내지 못했던 두려움, 강한 아버지로서, 강한 아들로서, 강한 사회인으로서 서 있으려는 투쟁에 가까운 노력들이 그분들의 가슴에 있음을 보게 되었습니다. 그리고 대화 교육을 마칠 무렵에는 첫 회 때와는 매우 다른 이야기들을 듣게 되었습니다.

"이렇게 가슴속에 있는 이야기를 꺼낸 것은 처음입니다."
"제 개인적인 이야기를 잘 들어 주신 팀원들에게 고맙습니다."
"사람 사는 게 다 똑같네요. 불안하고 고민하며 사는 게 말이죠."

"같이 다 털어놓으니 후련하고, 서로 더 깊이 이해할 수 있어서 고맙습니다."

"이제 팀원들이랑 더 열심히 협력할 수 있을 것 같습니다."

"서로 힘들 때에는 진심으로 도우며 일해야겠습니다."

"제가 고민했던 것들에 대해 막연했는데 명료해져서 힘이 납니다."

우리는 강해 보여야 한다는 생각에 사로잡혀 있습니다. 그래서 누구나 몇 개의 가면을 골라 쓰고 갑옷을 입으며 살아갑니다. 그 안에는 너무나 여린 우리의 본질적인 모습이 들어 있지만 누구도 그것을 들키고 싶어 하지 않습니다. 왜냐하면 두렵고 불안하기 때문입니다. 두려움 속에는 살고자 하는 강한 생존 욕구가 있습니다. 생존하기 위해서 우리는 불안과 두려움을 서로에게 감춥니다. 강해 보이기 위해 서로를 밟고 올라가야 한다고 믿고, 그렇게 행동하기도 합니다. 자신의 진짜 모습을 보이면 사람들이 만만하게 여길 것 같아서 더 두려워지는 것입니다.

하지만 저는 대화 교육을 진행하면서 다른 결과들을 많이 봐 왔습니다. 자신의 두려움과 불안에 대해 동료들과 대화로 서로 공유할 때 더욱 긴밀하고 친밀하게 서로가 돕고 연결되는 모습을 말입니다. 또한 서로 도우려 하고 이해하는 마음이 커지는 모습을 목격하게 되었습니다. 이런 결과는 어느 조직이든 대상이든 예외가 없었습니다.

우리의 불안은 미래와 깊이 연결되어 있습니다. 내가 무언가 해 놓지 않으면, 더 모아 놓지 않으면, 더 성공하지 않으면 미래의 어느 날 내가 잘못되어 있을 것 같은 두려움과 불안이 우리로 하여금 현재의 관계를 제대로 형성하지 못하게 합니다. 그런 불안에 싸여 있게 되면 우리 앞의 누군가와 진실한 대화를 나누기에는 언제나 너무 시간이 모자랄 것입니다. 자녀의 고민도 사치스럽게 느껴질 것입니다. 부모님과 함께하는 시간도 미루게 될 것입니다. 불안한 나머지 현재의 평화를 잃어버리고 살아가게 될 것입니다.

개인적인 이슈가 공유되면 서로 힘이 되고 싶어집니다

언젠가 한 회사를 경영하는 대표이사와 깊은 이야기를 나눈 적이 있습니다. 그분은 회사를 경영하던 중 자금난에 시달리면서 공황장애를 겪었습니다. 자신의 고통을 혹 직원들에게 들킬까 봐 많이 염려했습니다. 저는 그분께 조언을 했습니다. 중요한 개인적인 이슈는 동료나 일부 팀원들에게 공유될 필요가 있다고 말입니다.

이후 그분은 몇몇 직원들에게 대표이사의 개인적인 고통 상황에 대해 공유하게 되었고, 우려와 달리 큰 도움과 깊은 이해를 받게 되었습니다. 그 대표이사는 나중에 이렇게 회고했습니다. "개인적인 이슈 중에는 서로 공유될 때 더 많은 도움이 되는 부분이 있는 것 같습니다. 직원들에게 참 고마웠습니다"라고 말이지요.

잠시 생각해 봅시다. 만약 동료나 친구나 가족 중 가까운 누군가가 다가와서 "내가 잘 못 해 낼까 봐 두려워", "미래가 막막하고 불안해"라고 말한다면 어떻게 하시겠습니까? 아마도 말없이 손을 잡아 주거나 어깨를 다독거리며 위로해 줄 수 있겠지요. 또한 우리가 베풀 수 있는 작은 도움이라도 찾아보게 될 확률이 클 것입니다. 진심으로 말입니다.

> ## 대화 연습
>
> 1. 나에게 두려움이나 불안이 있다면 숨기지 말고 꺼내어 떠올려 보세요.
>
> 2. 그 일이 현실로 일어날 확률에 대해 생각해 보세요.
>
> 3. 현실로 일어난다면 나는 무엇을 할 수 있는지 떠올려 보세요.
>
> 4. 나는 그것에 대해 누구와 말할 수 있을지 생각해 보세요.
>
> 5. 도움을 청한다면 구체적으로 어떤 내용인지 떠올려 보세요.

죄책감과 희생은 관계의 중요성을 인식하게 하는 힘이 될 수 있습니다

"직장 생활을 하면서 제일 죄책감에 시달릴 때가 요즘입니다. 하도 경제가 어려우니 동료들이 떠나가는데 해 줄 수 있는 것은 없고, 심지어 부하 직원들을 직접 내보내야 하는 입장이 되니 정말 괴로워서 잠을 못 자요. 그러다 보니 일도 손에 안 잡힙니다. 어디 가서 이 심정을 말도 못하겠습니다. 왜냐하면 저는 그래도 남아 있으니까요. 제 괴로움이 나가시는 분들과 같을 수 없기 때문에 힘들다는 말도 사치 같아서 괴로운 마음이 커집니다.

이렇게 괴로울 줄 몰랐네요. 죄책감이라는 거 말입니다. 수십 년 같이 일하면서 미운 정 고운 정 다 들었는데, 그 사람들의 아이들은 어쩝니까? 다 제 자식 같아서 죄책감이 너무 심해요. 제 머릿속에 점점 안 좋은 시나리오가 떠올라서 더 괴로워졌습니다. 팀장으로서 남아 있는 직원들의 사기도 생각해야 하는데 아무것도 못 하고 있어서 팀 분위기가 그야말로 엉망이 되었습니다."

많은 일터에서 사람들은 서로의 관계에서 어려움도 겪지만 친밀감과 끈끈한 정도 형성하게 됩니다. 함께 동고동락하던 동료들의 아픔을 보는 것이 얼마나 큰 고통인지는 어렵지 않게 짐작할 수 있습니다.

"그러다가 교육 때 '죄책감'에 대해 다루면서 다른 관점으로 생각해 보게 되었습니다. 제가 할 수 없는 것과 할 수 있는 것을 나누어 생각해 보게 되었지요. 그것은 저 자신에게 매우 획기적인 변화의 시작이 되었습니다. 그동안 제가 할 수 없는 것에만 매달려서 죄책감에 매몰되어 살아가고 있었다는 것도 알게 되었습니다.

그리고 이제는 제가 할 수 있는 것들, 할 필요가 있는 것들에 집중할 수 있게 되었습니다. 떠나는 동료를 어떤 마음으로 보내야 하는지, 남아 있는 팀원들을 어떤 마음으로 위로할 수 있는지를요. 한결 가벼워졌습니다. 그동안 저는 죄책감을 느껴야만 한다는 생각에 사로잡혀 있었던 것 같기도 합니다."

실존적 죄책감은 서로를 깊이 연결시켜 주는 힘이 됩니다

저는 많은 사람들이 사랑하는 사람의 아픔을 공감하는 과정에서 겪는 실패를 봐 왔습니다. 저 또한 사랑하는 사람의 고통을 보는 게 너무나 괴로워서 가끔 그런 실패를 경험하곤 합니다. 그것은 '죄책감'이라는 것입니다. 정신의학자 스캇 펙은 죄책감을 '실존적 죄책감'과 '신경증적 죄책감'으로 나누어 이야기했습니다. 저는 두 가지의 죄책감을 구별하는 것이 우리에게 무척 중요하다고 생각합니다. 특히 우리가 공감으로 관계를 맺어 갈 때는 더욱 그렇습니다.

사랑하는 사람의 아픔을 볼 때 대신 아파 줄 수는 없습니다. 그때 '차라리 내가 아프면 얼마나 좋을까' 하는 죄책감에 괴로워만 한다면 그것은 상대에게 도움이 되지 못합니다. 또한 '내가 더 잘 챙겼다면 이렇게 되진 않았을 텐데', '내가 더 잘했다면 괜찮았을 텐데'라는 생각에 갇혀서 괴로워만 하면 자신에게도 상대에게도 연결되지 못하고 우울해지기만 합니다. 이런 신경증적 죄책감은 우리의 삶에 정말 큰 고통을 남기는데, 좀처럼 떨쳐 내기가 쉽지 않습니다.

반면 삶을 살아갈 때 실존적 죄책감은 매우 중요하다고 생각합니다. 가벼운 예를 들어, 길을 가다가 누군가를 쳐서 물건을 떨어뜨린다면 미안한 마음이 올라올 것입니다. 그리고는 미안한 마음에 상대의 떨어진 물건을 주워 줄 것입니다. 이런 미안함은 살아가면서 꼭 필요한 실존적인 죄책감이 됩니다. 그것은 우리를 인간답게 해 주는 힘이 되고, 서로에게 도움이 되는 관계를 맺어 주기 때문이지요. 우리의 행동을 바꿈으로써 상대가 나아질 수 있다면 기꺼이 할 필요가 있습니다. 미안하면 미안하다고 말하고, 상대에게 도움이 될 수 있는 최선의 행동을 다할 필요가 있습니다.

죄책감도 관계에 도움을 줍니다

함께 나눠 볼까요? 누군가에 대한 죄책감으로 힘들어해 본 적이 있으신가요? 그때 자기 자신을 얼마나 비난하고 자책해 왔는지에 대해 생각해 보세요. 혹은 누군가에게 죄책감을 느끼게 해 주고 싶어서 노력해 본 적은요?

죄책감이 주는 의미는 결코 죄책감 안에 푹 매몰되라는 것은 아닐 것입니다. 죄책감의 진정한 의미는 우리가 서로의 관계를 얼마나 중요하게 여기고 있는지를 의식하는 것입니다. 그래서 서로의 진정성 있는 관계를 유지하기 위해 우리가 무엇을 할 필요가 있는지를 생각하라는 뜻이 될 것입니다. 그런데 우리는 가끔 죄책감 자체에 너무 매몰되는 것은 아닐까요?

대화 연습

1. 나로 인해 힘들어했던 대상을 떠올려 보세요.

2. 진심으로 그에게 미안했던 마음을 상기해 보세요.

3. 내가 책임질 일들을 깊이 생각해 보고 진심으로 해 주세요.

4. 해 줄 수 없는 부분에 대해서는 내려놓아도 된다고 스스로에게 말해 주세요.

우울(열등감과 우월감)을 통해
진정한 가치를 발견합니다

"저는 첫 직장에서 상사에게 여러 차례 지적을 받았습니다. 제가 매우 소극적이라는 피드백이었습니다. 저는 어느 정도 동의는 했지만, 어느 정도는 동의할 수 없었습니다. 왜냐하면 남들보다 말이 적고 생각이 많은 덕분에 신중하게 결정할 수 있었기 때문입니다. 그런데 첫 직장에서 여러 차례 그런 지적을 받고 나서 저는 제가 스스로 그런 것 같다는 생각을 하게 되었습니다. 그러다 보니 자꾸 서두르게 되었고, 무언가 빨리 말하고 결정해야 한다고 스스로를 압박하게 되었습니다. 그러면 결과가 좋지 않을 때가 많았어요. 결과가 안 좋다 보니 소극적이기만 한 게 아니라 능력이 없는 것 같은 생각이 들기 시작했습니다. 그런 생각이 강해지다 보니 더 소극적이 되어 버렸습니다. 지금도 누가 발표를 시키면 속까지 메슥거리고 힘듭니다.

티 내지 않고 조직 생활을 하려니 정말 괴로워요. 저 자신에 대해서

도대체 확신이 없어지고, 제가 뭘 잘할 수 있는 인간인지조차 모르겠더라고요. 그러다 보니 조직에서의 만족도가 떨어지고, 자신감이 떨어져서 사회적인 관계도 많이 위축되어 버렸습니다. 이런 제 마음을 나눌 사람이 없었기 때문에 더 열등감이 커진 것 같기도 합니다."

우리는 우리 자신에 대해 만족스러운 모습보다는 못마땅한 모습에 집중하게 되는 것 같습니다. 강점을 활용하기보다는 단점이라고 여겨지는 부분을 보완하기 위해 애를 쓰고, 스스로에 대한 부정적 이미지에 집착하기도 합니다. 저 역시도 그 열등감에서 자유롭지 못했습니다. 예전에 강의하러 간 곳에서 교육 담당자로부터 제가 동의하지 못하는 칭찬을 들었습니다.

"선생님은 당당하고 자신감 넘쳐 보이세요."

저는 그 말에 동의하지 못한 것을 넘어서 웃음이 터질 뻔했습니다. 왜냐하면 현재는 좀 나아졌지만 아주 오랜 시간 동안 단 한순간도 저 자신이 당당하고 자신감 있다고 여긴 적이 없었기 때문입니다. 오히려 '내가 과연 할 수 있나? 할 자격이 있나? 남들이 더 잘하는데. 남들이 비웃을 거야'라고 하면서 자신을 의심하고 자책하며 지냈으니까요.

아주 오래전에 지인들과 같이 바에 간 적이 있습니다. 그때 동료 중에 한 명이 앞으로 나가더니 멋지게 "L.O.V.E."라는 재즈곡을 불렀습니다. 우리 모두는 감동했고, 한목소리로 "노래까지 잘하네. 못하는 게 뭐야?"라고 말했습니다. 그때 저는 "그래, 참 잘하더라" 하며 동의했습니다. 그러나 순간 저 자신과 비교하면서 '난 잘하는 게 뭐지? 잘하는 게 없네'라는 생각이 들었습니다.

그리고 나서 나중에 집 근처 노래 학원을 몰래 등록해서 다녔습니다. 가서 "L.O.V.E."라는 재즈곡을 잘 부르고 싶다고 말했습니다. 지금 생각하면 웃기지만, 저는 진짜 그 노래만 제대로 한두 달 죽어라 연습하면 나도 잘한다는 걸 보여 줄 수 있을 거라 믿었습니다.

그런데 노래 학원에서는 노래는 안 가르쳐 주고 자꾸 호흡법인지 뭔지 배 잡고 하품하며 발성하는 것만 가르쳐 주고, 노래 스킬보다는 근본적인 걸 배워야 한다고 권했습니다. 노래를 가르쳐 주시던 선생님이 자기를 바라보며 마주 보고 "하아~ 하아~"하며 하품 소리를 내라고 하는데, 정말이지 너무 민망해서 그 학원에 다시는 가고 싶지 않았습니다. 돌아오는 길에 '지금 내가 뭘 하고 있지?'라는 생각이 들었습니다.

그때 저에게 정말로 중요한 건 동료들로부터 더 많은 인정을 받는 게 아니라 저 자신이 스스로에 대해 경험하고 싶은 자기 신뢰와 자신감이었습니다. 그땐 그걸 몰랐습니다.

우리에게는 각자 자신에게 맞는 중요한 가치가 따로 있습니다

이 사례는 제 삶에 있었던 수십 개, 수백 개의 사건 중 하나일 뿐입니다. 제가 제일 열등감을 느꼈던 대상은 실제로 무언가를 잘한다는 주변의 평가를 받는 사람도 있었지만, 그보다는 자기 유능감을 지닌 사람(자기 스스로 잘할 수 있다고 믿는 사람)이었습니다. 잘한다는 평가를 넘어서서 잘하든 못하든 자기 자신의 도전과 경험에 가치를 두는 상대를 보면 저는 그를 피하거나 두려워하거나 싫어했습니다. 왜냐하면 그런 사람 곁에 있을 때 저 자신이 가장 초라해진다는 생각이 들었기 때문입니다. 저는 남과 비교해서 잘한다는 유능감을 과시함으로써 인정받고 싶었던 것입니다.

우리는 타인의 약점과 우리의 강점을 비교하며 스스로 우월감에 빠지고, 타인의 강점과 우리의 약점을 비교하며 열등감에 빠집니다. 그런 의미에서 우월감을 과시하는 것은 열등감의 또 다른 표현이라고 한 아들러의 말에 깊이 동의합니다. 긴 과정을 돌아 제가 지금 중요하게 생각하는 건 이렇습니다.

1. 내가 진실로 원하고, 하고 싶은가?
2. 내가 할 수 있는 만큼 하는가?
3. 결과 및 평가를 직면할 용기가 있는가?
4. 그 결과에 대해 슬퍼할 수 있는가?
5. 배움으로 성장시킬 지혜가 있는가?
6. 포기할 것들에 대해 열려 있는가?

저는 노래 배우길 포기했습니다. 그 동료만큼 섹시하게 재즈를 부를 자신이 없거나 능력이 부족하기 때문이 아니라 하고 싶지 않았기 때문입니다(사실 불가능할 거라 생각하기도 했어요). '잘해야 한다'는 생각을 매 순간 알아차리고 '원하는 만큼 행동하자'고 스스로를 격려하는 제 삶을 스스로 평가해 보자면, 당당하고 자신감 넘치는 게 아니라 저 자신을 사랑하려고 노력하는 의지적인 시도와 행위의 과정이라 하겠습니다.

'동료보다 노래를 잘 부르지 못해도 내가 글은 더 잘 써'라는 관점이 아니라 '동료가 노래하길 즐거워한다면 나는 글을 쓰고 들어 주는 게 즐거워'라고 생각을 전환하고 행동을 바꾸어 가는 것이지요. 상대와 비교해서 우월하거나 열등한 게 아니라 서로가 각자 즐겁고 의미있는 행위를 해 나가는 것입니다. 건강한 유능감이란 외부의 평가를 넘어서서 자신의 도전과 경험에 가치를 두는 것입니다.

저는 자신이 참 작게 보이고 초라하게 생각될 때 그 순간마다 힘겹게 다르게 선택하려는 제 삶을 위로받고 지지받고 싶습니다. 상대적 열등감 때문에 괴로워서 상대적 우월감으로 포장해 스스로를 위로하려 했던 저와 같은 경험이 있으신 분들께 제 위로와 지지의 마음을 보냅니다.

'완벽해지기'보다 '원하는 것을 하기'

기업에서 열등감과 우월감에 대해 나누어 보면 많은 분들이 '발표'와 '언어'에 관해 느꼈던 경험을 이야기해 주십니다. 잘하려고 30번씩이나 발표 연습을 했다는 분부터 알아듣지 못하는 영어를 주변 사람들의 표정을 보며 오로지 눈치로 일관한다는 분까지 남들에게 말하지 못하고 전전긍긍하며 조직 생활에서 살아남기 위해 애를 쓰고, 돌아서서 자신에 대해 못마땅하고 바보같이 여기는 열등감 때문에 힘들어했던 경험들을 나누어 주셨습니다. 재미있는 것은 제가 이런 사례를 갖고 있지 않은 분을 지금까지 보지 못했다는 것입니다.

생각해 봅시다. 열등감은 우리 중 누구에게나 있지 않나요? 상대도 우리의 그런 모습을 보고 바보 같다고 생각할까요? 혹시 우리 자신이 가장 우리 자신을 비난하는 것은 아닐까요? 어쩌면 완벽한 사람이기를 바라는 우리의 마음이 문제인지도 모르겠습니다. 우리의 열등감을 인정할 때 상대에게 요구하는 완벽한 기준도 사라질 수 있겠지요. 그때 비로소 필요한 것과 원하는 것을 찾게 되고, 집중과 몰입을 통한 보람과 성취를 경험하게 될 것입니다.

대화 연습

1. 남들보다 잘해야 한다고 생각하는 일이 무엇인지 생각해 보세요.

2. 그 일을 할 때 즐겁거나 보람을 느끼는지 생각해 보세요.

3. 그렇지 않다면 단념하겠다고 스스로 선택해 보세요.

4. 그 대안으로 즐거우면서도 보람된 일을 찾아보세요.

진정한 소통을
가능하게 해 주는
내 안의 힘

사랑, 기여, 협력의 욕구는 서로가 서로에게 만들어 주는 것이 아니라
우리가 타고난 기본적인 속성이자 욕구입니다.
그런데 이런 타고난 욕구들이 사회적인 관계에서 비교당하고 강요받으면서 훼손됩니다.
만약 누군가의 진정한 변화를 촉진하고 싶다면 우리가 할 수 있는 일은
잃어버리고 훼손된 상대의 욕구를 회복시켜 주는 일이 될 것입니다.

동료를 아끼는 힘
-사랑

체한 동료를 위해 뛰어가서 약을 사와 물과 함께 주면서 어깨를 다독이는 회사원을 봅니다. 소아암 환우의 빠지는 머리카락을 보고 자신의 머리를 삭발하며 아이 앞에서 환히 웃는 의사를 봅니다. 아주 어린 아가의 옷깃을 여며 주고 자신의 가슴에 폭 잡아 안는 엄마를 봅니다. 어린 학생을 바라보며 활짝 웃으며 손을 잡아 "호~" 따뜻한 입김을 불어넣어 주는 선생님을 봅니다. 입대하는 아들을 보며 눈에선 눈물, 입에선 미소, 손으론 엄지를 치켜든 부모를 봅니다. 목이 허전한 아내에게 자신의 목도리를 벗어 둘러 주며 자신은 하나도 춥지 않다며 손을 주머니에 넣고 걷는 남편을 봅니다. 자녀의 생일 날 케이크를 손에 들고 빠른 걸음으로 걸어가는 아빠의 뒷모습을 봅니다. 입양한 아가를 품에 안고 깊은 감사의 눈물을 흘리는 부모의 얼굴을 봅니다. 성도의 손을 잡고 함께 울며 무릎 꿇고 기도하는 목사님의 마음을 봅니다. 이런 사랑의 마음과 행동은 학습된 것이기 이전에 타고난 것입니다.

우리 누구에게나 우리 모두에게 주어진 것이 사랑의 마음입니다. 우리가 사랑하는 그 누군가에게도 주어진, 우리가 미워하는 그 누군가에게도 주어진 것이 사랑의 마음입니다.

사랑을 인정할 때만 조직의 온도가 높아질 수 있습니다

사랑은 우리의 본성입니다. 사랑을 믿지 않고서는 대화를 할 수 없습니다. 대화란 사랑이 있어야 가능한 것이기 때문입니다.

한 교육생이 질문을 한 적이 있습니다.

"선생님, 대화를 하다 보면 정말 우리 팀에 한 사람은 가슴에 미움만 가득합니다. 그는 사랑을 몰라요. 이런 사람과도 대화가 될까요?"

"정말 그분과의 대화가 어려우시군요. 자신의 마음을 오해 없이 잘 받아 주기를 바라시는 것 같은데 그게 되지 않으니 얼마나 답답하시겠어요. 그분께도 사랑의 마음이 있을 거라고 믿고 싶은데 그걸 확인할 수 없어서 절망스러우신가요?"

"네. 제가 아무리 말을 건네도 마음을 열지 않아요. 정말 냉정해요."

어떤 관계에서는 여러 번의 좌절로 서운함이 억울함이 되어 쌓이고 분노가 자리 잡은 까닭에 상대가 정말 사랑의 마음이 없는 냉혹한 인간일 뿐이라는 생각이 들기도 합니다. 그러나 저는 이런 경우에 상대가 사랑을 모르거나 사랑이 없어서가 아니라, 사랑을 경험한 기억이 상대적으로 적거나 없어서 그 마음이 얼어 있는 거라고 생각합니다. 태생적으로 그에게 사랑이 없어서가 아니라 잃어버리고 잊고 살아온 거라 생각합니다.

저는 어떤 경우라도 사랑의 마음이 우리에게만 있을 거라 생각하는 것은 매우 위험하다고 믿습니다. 즉 모든 인간은 사랑의 에너지를 가슴에 품고 태어난다고 생각합니다. 그리고 누군가를 '그 사람은 사랑이 없어'라고 생각하며 대한다면 우리에게는 어떤 희망도 없다고 생각합니다. 또한 상대가 사랑을 회복할 수 있도록 돕는 것이 중요하다고 믿습니다.

상대의 마음 안에 있는 사랑을 발견해 보시길 바랍니다

살면서 사랑받은 기억이 있을 것입니다. 그 사랑을 기억하며 살아갈 때 우리가 얼마나 고맙고 행복할지 생각해 보시길 바랍니다. 지금 사랑을 베풀어 주었던 그 사람은 곁에 없을지도 모르지만 그 기억은 우리 가슴속에 영원히 남아 있을 것입니다.

한 기업의 중역이셨던 분은 어린 시절의 이야기를 나누며 눈시울을 붉히셨습니다.

"어린 시절 네 형제가 한방에서 아버지 없이 살았습니다. 어머니가 공장에서 새벽부터 밤까지 일하고 들어와서 저희들 밥을 해 주곤 하셨는데, 그때 어머니의 그 손을 잊을 수가 없습니다. 그 손으로 잠자리에 누운 저를 안아 주셨을 때 어머니 품에서 나던 고무 냄새도 잊을 수 없습니다. 그 생각을 하면서 지금까지 열심히 살았습니다."

그분의 고백이 끝나자 한 부하 직원이 저에게 다가와 이렇게 말했습니다.

"우리 팀장님도 눈물이 있고 사랑이 있는 분이셨군요. 오늘 처음 알았습니다."

사랑의 기억을 떠올려 보면 좋겠습니다. 우리는 모두 사랑의 기억을 지녔고, 사랑의 마음을 품고 이 세상에 왔습니다.

대화 연습

1. 사랑이란 걸 모를 것 같은 '불편한 대상'을 떠올려 보세요.

2. 그의 어린 시절을 상상해 보세요.

3. 그가 누군가의 사랑을 받으며 안겨 있는 모습을 상상해 보세요.

4. 그가 누군가에게 사랑을 베풀고 있는 모습을 상상해 보세요.

5. 가능하다면 그가 누군가에게 사랑을 베푸는 모습을 관찰해 보세요.

무언가 주려는 힘
- 기여

서울의 한남동 사거리가 내려다보이는 카페에 앉아 있었을 때의 일입니다. 한 할아버지가 리어카에 넘치도록 가득 짐과 박스, 종이 등을 싣고 횡단보도를 건너고 있었는데 그만 중심을 잃고 넘어지셨습니다. 그와 동시에 리어카 속의 물건들이 횡단보도 위로 쏟아지고 말았습니다.

저도 모르게 자리에서 벌떡 일어나 움직였습니다. '다가가서 도와주기엔 늦을 것 같은데 어쩌지?' 하는 순간, 한 남성이 뛰어와 할아버지를 일으키고는 주변 사람들에게 큰 소리로 리어카를 빠른 시간 내에 복구할 수 있도록 부탁하는 모습을 보았습니다. 사람들은 부탁받은 대로 협조를 했고, 그는 할아버지를 업고 횡단보도를 빠져나갔습니다.

흐뭇한 마음으로 좀 더 지켜보았습니다. 그는 한참을 할아버지를 업은 채 걸어갔고, 리어카의 복구를 돕던 세 명 중 두 명은 끝까지 남아 함께 리어카를 끌고 어딘가로 향했습니다.

아무런 실익을 기대할 수 없는 누군가를 돕는 사람들을 보면 무척 신비롭게 여겨지는 세상입니다. 그래서 그들을 보고 있으면 따뜻하고 뭔가 인간적인 것 같아서 좋습니다. 그들에게 왜 온정을 베풀었는지를 물어보면 "좋아서 했습니다"라는 대답이 가장 많습니다.

왜 그럴까요? 인간은 누구나 누군가에게 무언가를 주면서 기쁨을 느끼기 때문에 그렇습니다. 우리는 이 세상에 태어날 때부터 내면에 '타인에 대한 기여의 욕구'를 소유하고 있습니다. 그런 욕구를 충족하고 싶은 일환으로 우리는 때로 자기와 아무런 상관이 없는 사람들을 돕습니다.

'기여의 의미'를 깨달은 사람은 반드시 존경받는 리더가 됩니다

우리는 대부분 모르는 사람이 힘든 상황에 처한 것을 보면 마음이 없어서가 아니라 용기가 없어서 다가가지 못합니다. '잘 알지도 못하는데 오해라도 받으면 어떻게 하지? 괜히 눈에 띌 텐데' 하는 식의 걱정과 두려움이 우리로 하여금 누군가에게로 향하는 발걸음을 멈추게 합니다.

하지만 그런 상황에서도 용감하게 뛰어드는 사람들이 있습니다. 횡단보도의 그 남성처럼 달려가 눈에 보이는 실익을 떠나 자신이 할 수 있는 일을 '즉시 실천'하고, 주변 사람들에게 '도움을 요청'하여 '협력하게 만들어 내는 사람'들이 있습니다. 조직에도 마찬가지입니다. 힘든 시기에 기지를 발휘하고, 사람들을 설득하고 행동하게 만드는 사람들 말입니다.

그들에게는 몇 가지의 공통점이 있습니다. 첫째, 그들은 자신들의 이익과 집단의 이익을 구별하지 않습니다. 둘째, 자신의 노력으로 집단이나 조직의 성장을 이끌어 낼 때 기쁨을 느낍니다. 셋째, 힘든 상대를 도움으로써 주변 사람들의 마음에 감동을 줍니다. 넷째, 그런 강한 영향력으로 잠들어 있는 집단의 마음을 움직이고 이끌어 냅니다.

어려운 시기나 무언가 당장 눈에 보이는 이익이 없을 때일수록 타인 중심적인 사람의 행동은 돋보이게 마련입니다. 실익이 있을 땐 모두가 움직이기 때문에 그런 사람을 구별하기가 쉽지 않습니다. 하지만 모두가 힘들다고 하는 상황 속에서 움직이며 "된다"고 말하는 사람을 보면 우리는 그를 '리더'라고 부르게 됩니다. 대부분의 사람들이 누군가 나서 주기를 바랄 때 움직이는 사람을 우리는 '리더'라고 부릅니다. 그 한 사람의 움직임이 집단의 움직임이 될 때 우리는 그를 '리더'라고 부릅니다.

실익이 당장 보이지 않을 때 움직이는 힘은 머리가 아닌 가슴에서 나오는 연민이고 열정이고 진정성입니다. 횡단보도에서 재빨리 움직이며 행동했던 그 남성의 행동을 바라보던 제게는 감동이 있었습니다. 저도 어떤 상황에 놓이게 되면 꼭 그처럼 하려고 합니다. 그는 모르고 있겠지만 그를 따르던 세 명의 사람에게, 또 바라보고 있던 저에게, 혹 자동차 안에서 그를 지켜보던 사람들에게 이미 리더가 되었을 것입니다.

리더란 자기희생적인 태도를 갖고 전체를 위해 움직이는 사람이지만, 결과적으로 자기 자신의 삶의 의미를 채워 가는 스마트한 사람입니다. 누군가의 삶에 기여하는 것만큼 의미 있는 삶은 없기 때문입니다. 그 기쁨과 성취를 아는 리더는 공감 능력이 강한 사람입니다. 그리고 생각만 하는 사람이 아니라 공감의 힘으로 움직이는 사람입니다.

우리는 오늘 그런 리더가 될 수 있습니다. 동료가 힘들어할 때 10분만 침묵하며 같이 있어 줄 시간을 내어 준다면, 기침을 하는 후배에게 따뜻한 물 한 잔 떠다 주는 배려의 행동을 보인다면, 고마운 일이 있을 때 바로 "고맙다"고 말할 용기가 있다면 그것이 바로 리더가 되는 길입니다.

많은 리더들은 공감의 마음을 갖고 있으면서도 사용하지 않습니다. 그러나 조직을 일으켜 세우고 단단하게 만들어 낸 리더들은 예외 없이 상대의 마음을 추측하고 행동하는 능력이 탁월했습니다. 그런 모습은 바로 지금 내 옆의 동료나 부하 직원, 후배들을 통해 연습할 수 있습니다.

'동기의 힘'은 우리 모두가 타고난 속성입니다

동기부여에 대해 많은 사람들은 고민합니다. '저 부하 직원에게 어떻게 해야 일에 몰입하게 할 수 있을까?', '우리 아이에게 어떻게 해야 공부에 대한 동기를 끌어올릴 수 있을까?' 하고요.

생각해 봅시다. 누군가의 동기라는 것이 우리가 생성시킬 수 있는 것일까요? 사랑, 기여, 협력의 욕구는 서로가 서로에게 만들어 주는 것이 아니라 우리가 타고난 기본적인 속성이자 욕구라고 생각합니다. 그런데 우리의 이런 타고난 욕구들이 사회적인 관계에서 비교당하고 강요받으면서 훼손된 것입니다. 만약 누군가의 진정한 변화를 촉진하고 싶다면 우리가 할 수 있는 일은 잃어버리고 훼손된 상대의 욕구를 회복시켜 주는 일이 될 것입니다. 공감해 주고 위로해 주어서 상대가 스스로 기여하고자 하는 욕구를 되찾을 수 있도록 돕는 것이지요. 없던 것을 만들어 주는 것이 결코 아닙니다.

대화 연습

1. 실익과 상관없이 누군가에게 도움을 주었던 일을 떠올려 보세요.

2. 그런 자신을 생각할 때 어떤 마음이 드는지 느껴 보세요.

3. 내가 불편해하는 한 사람을 떠올려 보세요.

4. 그에게도 그와 같은 기여 욕구가 있음을 스스로에게 말해 주세요.

5. 가능하다면 그가 기여 욕구를 실현하는 모습을 관찰해 보세요.

Power 3 ————————————

함께 성장하려는 힘
- 협력

저는 기업체에서 조직의 협력을 촉진하기 위한 대화 교육을 진행하고 있습니다. 중역 이상의 리더들과 팀원들을 모두 만나는 8주간의 교육을 진행하다 보면 조직이라는 곳이 협력에 대한 '핵심 욕구'(core-need)가 얼마나 큰지를 경험하게 됩니다. 제가 만난 교육생들은 예외 없이 협력과 동반 성장을 원하고 있었습니다. 하지만 현실은 이러했지요.

> "그 상사가 절 신뢰하지 않아요."
> "저 팀이 협력하지 않아요."
> "함께하면 좋겠지만 쉽지 않아요."

가슴에는 협력과 동반 성장에 대한 갈망이 매우 생생하게 담겨 있었습니다. 여전히 부하 직원들의 눈은 '가슴이 뜨거운 리더'를 향해 있었고, 미래에는 자신이 그런 리더가 되기를 바라고 있었습니다. 자녀들에게 그런 부모가 되기를 바라고 있었고, 동료들의 아픔에 마음의 눈물을 삼키는 공감을 하고 있었습니다. 자신을 보살피고 챙기려는 리더의 모습을 기억하고 있었으며, 그 감동을 오래도록 마음에 품고 있었습니다. 하지만 종종 그 마음을 표현하는 일은 어려워했습니다. 때로는 두려워하기도 했습니다.

또 하나의 측면에서 저는 중역 및 임직원들과 팀장인 리더들의 마음을 경험할 때도 있었습니다. 그리고 리더들의 깊은 마음을 팀원들에게 전달하고 싶었던 적도 참 많았습니다. 리더들은 가정에서는 자녀들에게 어떤 아픔이 있는지, 또는 어떤 기쁨이 있는지 알 수 없어 허탈하고 슬프면서도 잘 표현하지 못했고, 그 모든 책임을 짊어지고 있었습니다. 직장에서는 의사결정자라는 책임과 더불어 조직원들과 소통이 자유롭지 못해 답답함을 느끼는 외로운 사람들이었습니다.

그런데 참으로 신기한 것은 그들의 마음에는 여전히 사랑하는 팀원들과 가족들에게 더 다가가고 싶어 하고, 소통하며 노력하고 싶어 하는 깊은 마음이 있었다는 사실입니다. 그들이 다가가지 못했던 그 어색함에 가려진 마음을 과연 팀원들이 이해할 수만 있다면 어떤 변화가 있을까요? 리더들의 외로움과 부하 직원들의 간절함이 만나는 지점에서 우리가 대화를 배워 갈 수만 있다면 얼마나 좋을까 고민해 봅니다.

'우리'란 의지와 책임으로 뭉친 관계입니다

우리는 '우리'라는 말을 좋아합니다. 그리고 좋아하는 사람들을 모아 '우리'라고 합니다. 하지만 '우리'에는 좋아하는 것 이상의 개념이 포함되어 있다고 생각합니다. 그래서 저는 '우리'란 호감을 갖고 있는 좋아하는 대상들과 더불어 책임감을 갖게 되는 불편한 대상들을 포함한다고 믿습니다.

그래서 '우리'의 진정한 개념은 각자의 마음속에 있습니다. 아마도 가족은 분명 각 개인에게 '우리'에 포함될 것입니다. 그래서 자신이 누리지 못해도 열심히 일하고, 미우나 고우나, 갈등이 있어도 없어도 포기하지 않고 만나 대화하고 해결하며 갈 것입니다. 저는 가족을 사랑하지만 항상 좋진 않습니다. 때로는 밉고 원망스럽고, 가끔은 없었으면 좋겠다고 생각할 만큼 답답하기도 합니다. 그러나 가족을 포기할 수는 없습니다. 가족을 제외하고는 저라는 존재감이 있을 수 없기 때문입니다. 그게 '우리'입니다. 좋아하는 사람들만 내 마음에 품는 것이 '우리'가 아니라 의지와 책임으로 뭉친 관계가 '우리'라는 것을 배우게 됩니다.

우리가 만일 조직의 일원이라면 공동의 비전을 품고 이루기 위해 모인 각 개인의 합이라고 할 수 있습니다. 그리고 모두 다른 성장과 개인의 역사를 지나 온 존재로서 모였습니다. 그래서 갈등이 있습니다. 그러나 갈등을 두려워하지 마십시오. 갈등이 없는 관계에는 발전도 없습니다. 때로 갈등은 성장과 발전의 기회가 되기 때문입니다. 가정이든 기업이든 조직이든 어떤 공동체나 그렇습니다.

'우리'라고 생각하는 범주가 점차 넓어질 때 변화가 가능합니다

생각해 봅시다. 마음속에 어디까지가 '우리'에 포함되어 있습니까? 가족까지입니까? 가족들이 속해 있는 조직까지입니까? 직장에선 어디까지인가요? 팀까지입니까? 상호 협조하는 타 부서까지입니까? 회사 전체입니까?

혹시라도 갈등이 생길까 두렵더라도 자신의 마음속에 있는 '우리'의 범주에 속한 사람들과 소통을 도전해 보시기 바랍니다. 소통의 시작으로, 서로에 대해 고마운 마음을 먼저 나누어 보십시오. 동료나 친구, 배우자나 가족들의 작은 성공이나 노력을 진심으로 축하해 주십시오. 작은 고통이나 억울함에 대해 진심을 담아 위로해 보십시오.

다가가는 것을 어색해하지 말고 한 번만 해 보십시오. 한두 번의 시도가 마음속 '우리'의 범주를 키우고, 조직이나 가정의 성장뿐 아니라 삶을 벅차고 기쁘게 할 것입니다. 또한 어느 순간 자신의 지시나 요청이 부하 직원들이나 가족들에게 '달콤한 부탁'으로 들릴 것입니다. 더불어 진정한 권위가 살아날 것입니다.

대화 연습

1. 오늘 내가 협력할 수 있는 대상을 골라 보세요.
2. 그 사람과 함께 할 수 있는 일을 떠올려 보세요.
3. 상대도 동의하는 방식인지 물어보세요.
4. 그 일을 함께 하세요.

말이 통해야 일이 통한다

대화 연습에 도움이 되는 관계도

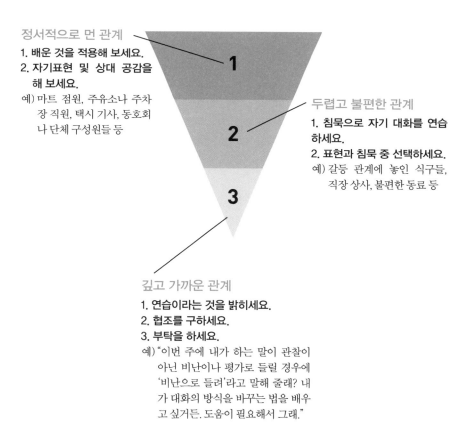

정서적으로 먼 관계
1. 배운 것을 적용해 보세요.
2. 자기표현 및 상대 공감을
해 보세요.
예) 마트 점원, 주유소나 주차
장 직원, 택시 기사, 동호회
나 단체 구성원들 등

1

두렵고 불편한 관계
1. 침묵으로 자기 대화를 연습
하세요.
2. 표현과 침묵 중 선택하세요.
예) 갈등 관계에 놓인 식구들,
직장 상사, 불편한 동료 등

2

3

깊고 가까운 관계
1. 연습이라는 것을 밝히세요.
2. 협조를 구하세요.
3. 부탁을 하세요.
예) "이번 주에 내가 하는 말이 관찰이
아닌 비난이나 평가로 들릴 경우에
'비난으로 들려'라고 말해 줄래? 내
가 대화의 방식을 바꾸는 법을 배우
고 싶거든. 도움이 필요해서 그래."

이런 순서로 대화해 보세요.

1. 정서적으로 먼 관계

자신의 삶에서 정서적으로 가장 먼 관계에 속한 사람들은 누구인가요? 아마도 아파트의 안전을 돌봐 주시는 경비원이나 주유소, 공영 주차장, 마트, 택시 등에서 만나는 직원들, 무언가를 배우러 간 곳에 있는 선생님 등 잠시 만나는 사람들이 되겠지요. 저는 이분들이 우리가 말하고 듣는 연습을 하기에 제일 좋고 편안한 대상이라 생각합니다.

2. 두렵고 불편한 관계

대화하기 힘든 대상들이 있을 것입니다. 제게는 현재 저와 갈등을 경험하고 있는 사람들, 힘에 눌려 말하기 힘든 상사나 지인들, 친하지 않아서 상대가 어떻게 생각할지에 대해 확신이 없는 대상들이 있습니다. 혹은 가족이라고 해도 대화의 단절이 오래되었거나 갈등의 골이 깊은 분들이 되겠습니다. 이분들에게는 대화를 연습하는 기간 동안 침묵으로 해 보시기를 권유합니다. 그리고 스스로에게 용기와 자신감이 생겼을 때 표현해 보시기를 바랍니다.

3. 깊고 가까운 관계

자신에게 가장 가깝고 서로 잘 아는 관계에 있는 사람들은 누구인가요? 제게는 가족과 친구 몇 명, 아주 가깝다고 여기는 동료 몇 명과 저의 멘토, 그리고 교회 공동체의 몇 분이 있습니다. 여기에는 아주 깊은 친밀감을 경험하고 있는 대상들을 떠올리면 됩니다. 이분들에게는 "다르게 대화하는 방법을 연습하고 싶다"고 말하고, 무엇을 도와주기를 바라는지 구체적으로 부탁함으로 스스로의 성장을 시도해 볼 수 있습니다.

대화의
두가지 패턴

뭔가를 발견하러 나선 진짜 항해는
새로운 땅을 찾는 게 아니라
새로운 눈으로 세상을 보는 것이다.
_마르셀 프루스트

Pattern 1 ――――――――――

단절이 되는
대화의 패턴

자신의 대화 패턴을 이해하고 반응 선택하기

우리는 자신이 쳐 놓은 내적인 틀(frame) 안에서 세상을 바라봅니다. 우리는 이러한 내적인 구속으로부터 자유로워질 필요가 있습니다. 그 틀을 의식하고 나오십시오. 그래야 나 자신과의 관계가 회복되고, 상대와의 관계가 건강해집니다.

"자극과 반응 사이에는 공간이 있습니다. 그리고 그 사이에서의 선택이 우리의 삶을 결정짓습니다."

이 멋진 말은 실제 죽음의 수용소에서 살아 나온 빅터 프랭클이라는 정신의학자가 한 말입니다. 그는 아무리 힘든 외부 상황에서도 인간에게는 그 속에서 어떻게 행동할지를 선택할 수 있는 자유의지가 있다고 했습니다. 그리고 하루 한 컵밖에 나오지 않는 물의 절반으로 매일 면도를 하고 세수를 하며 자신의 살아 있는 존재로서의 존엄성을 지키기 위해 사용하기로 선택했습니다.

저는 이 문구를 지난 10년간 떠올리며 살고 있습니다. 매일 불쾌하게 다가오는 자극을 대할 때 상기하려고 애씁니다. 습관적으로 상대를 톡 쏘아붙이고 싶을 때 잠시 참고 제 말과 행동을 의식적으로 선택하려고 노력합니다. 그래서 덜 후회하고, 덜 상처받고, 덜 상처를 주려고 노력합니다. 상대를 제 맘대로 고치고 조종할 수는 없지만, 그와의 관계 속에서 제 행동은 제가 선택할 수 있다는 점을 상기하려고 노력합니다.

그래서 생각하게 되었습니다. 반응에는 두 가지가 있다고 말입니다. 하나는 습관적이고 학습되어 온 폭력적인 자동 반응이고, 또 하나는 의식적으로 노력하고 선택하는 성숙한 선택적인 반응입니다.

여기서는 상대와 단절되는 대화의 패턴과 상대와 정서적으로 깊이 연결되어 갈등을 해결해 나갈 수 있는 의식적인 대화의 패턴에 대해 살펴보고자 합니다.

자극과 반응 사이

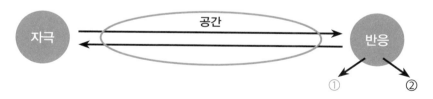

V ① Reaction : 무의식, 습관적
　　판단, 비난, 강요, 협박, 책임 회피,
　　당연시하기
　　→ 감정 떠안기, 미루기

② Response : 의식적, 선택적
　　자극점, 감정, 욕구, 요청
　　→ 감정에 대한 책임지기

무의식적이고 습관적인 대화

앨버트 엘리스라는 학자는 우리가 살아가면서 겪게 되는 정서적인 문제가 일상생활에서 구체적으로 경험하는 사건 때문이 아니라 이를 합리적이지 못한 방식으로 받아들이는 것에서 비롯된다고 말했습니다. 또한 인지행동치료의 창시자인 아론 벡은 우리가 현실을 제대로 인식하거나 지각하지 못할 때 논리적인 오류에 빠짐으로써 잘못 해석하고 틀린 결론으로 유도된다고 하였습니다. 특히 그는 어떤 상황 속에서 특정한 자극을 받게 되면 우리 안에 자동적인 사고(탁 떠오르는 어떤 생각들)를 통해 그 상황을 판단하게 된다고 했는데, 저는 그의 통찰을 통해서 큰 배움을 경험했습니다. 조직에서 상사나 동료 그리고 팀원들의 말과 행동을 보게 되면 우리 머릿속에 자동적인 사고가 떠오르게 되는데, 그런 습관적인 판단이 우리로 하여금 상대와 단절되기 쉬운 방식대로 행동하게 만들기 때문입니다.

저는 과거에 공황장애를 경험했을 때 두 학자의 말에 깊이 동의하게 되었습니다. 엘리베이터에 탔을 때 갑자기 숨이 답답해지면서 '죽을 것 같다'는 생각이 들면 걷잡을 수 없고 통제할 수 없는 고통에 시달렸습니다. 그런데 그러다가도 '심장의 두근거림은 100미터 달리기를 했을 때와 같은 느낌일 뿐이다. 나는 안전하다'라고 생각을 전환하고 나면 순식간에 편안해지곤 했습니다.

그때 외부 상황은 달라진 것이 하나도 없는데 생각이 달라지고 나니 마음이 편안해지는 것을 느끼면서, 우리가 외부 상황을 통제할 수는 없더라도 우리의 감정과 생각은 잘 다룰 수 있겠다는 확신이 들었습니다. 이처럼 유사한 상황에서 우리는 모두 다르게 생각할 수 있습니다. 그리고 다르게 생각하는 한 다른 감정을 지니게 됩니다.

우리를 불편하게 하는 상황들

> "요즘 저희 팀에서 일어나는 모든 일이 저한테는 힘든 자극이에요. 기분이 좋거나 행복한 건 있지도 않아요. 며칠 전에는 팀장님이 저한테만 오시더니 바쁘면 회식에 올 필요도 없다는 식으로 말씀하셨어요. 이런 일이 있을 때마다 정말 힘들어요."

우리는 박 대리처럼 매일매일 어떤 자극을 맞이합니다. 아침에 눈을 떠서 잠이 드는 순간까지 모든 것이 자극이 될 수 있습니다. 지하철을 탔는데 누군가 큰 소리를 전화 통화하는 소리를 들을 때, 엘리베이터에서 누군가의 트림 냄새를 맡을 때, 사랑하는 사람이 깜짝 선물을 줄 때, 아침에 양치를 하는데 치약 냄새가 상쾌하게 느껴질 때, 지나가는 사람이 길을 물을 때 등 모든 상황들이 우리의 의식을 깨우고 생각을 일으키는 자극이 될 수 있습니다.

우리는 이럴 때 상황을 판단하게 됩니다. 그 판단은 갈등을 일으키기도 하고, 감사와 행복을 불러오기도 합니다. 이러한 상황들 속에서 우리는 유쾌하거나 불쾌한 자극을 맞이하게 됩니다.

그런데 이 자극들 가운데는 우리가 선택한 것도 있고 선택하지 않은 것들도 있습니다. 만약 우리가 누군가에게 다가가서 말을 건다면 그것은 우리 스스로가 자극을 만드는 것입니다. 반면에 누군가가 우리에게 다가와서 말을 건다면 그것은 상대로부터 받는 자극이 됩니다. 이런 상황들을 맞이하게 되면 우리는 종종 자동적으로 떠오르는 생각이나 판단에 사로잡혀서 객관적이고 구체적으로 상황을 보지 못하게 됩니다. 그래서 상황을 설명할 때 주관적인 해석이 섞인 자신만의 판단으로 표현하게 되는 것이지요.

자동적으로 떠오르는 생각

> "그런 일들을 겪었을 때 어떤 생각이 들었냐고요? 겪자마자 저는 끝났다는 생각을 했어요. 저를 싫어하시는 게 분명한 거니까요. 조직에서 윗사람한테 찍히면 그거 끝났다는 뜻 아닌가요? 저희 팀장님, 무지 냉정한 인간이거든요."

이 이야기를 하는 박 대리 옆에는 동기인 양 대리가 있었습니다. 양 대리는 고개를 갸우뚱하면서 "나라면 오히려 좋을 것 같은데? 회식 안 가면 개인 시간을 보낼 수 있잖아. 오히려 너 대학원 다니는 거 알고 배려하시는 거 아냐?"라고 말했습니다.

우리는 상황을 맞이할 때 어떤 자극을 받게 되면 자동적으로 떠오르는 해석을 하게 됩니다. 그리고 그 자동적 해석은 박 대리와 양 대리처럼 개개인마다 다를 수 있습니다. 이는 우리 개개인이 과거에 어떤 경험을 했는지, 어떤 사고방식으로 세상을 보는지와 깊이 관련이 있다고 봅니다. 또한 개개인의 기질과도 관련되어 있다고 생각합니다.

고립의 사이클 1 : 내 몸의 감각과 감정

"그 생각이 들 때 어떤 마음이었냐고요? 저는 심장이 마구 뛰었어요. 그리고 땀도 났고요. 얼굴에도 점차 열이 올랐어요. 긴장되고 뭔가 불안했다고 하면 좋을까요? 그랬어요."

고립의 사이클 가운데 첫 번째는 자동적 해석으로 인해 올라오는 우리의 신체적인 감각과 감정입니다. 우리는 자동적인 해석을 하게 되면 신체적인 감각(몸이 떨린다. 심장이 빨리 박동한다. 땀이 난다. 열이 오른다. 한기가 느껴진다 등)을 느끼게 되고, 이를 언어적인 감정(불안하다. 화가 나고 분노가 생긴다. 우울하고 위축된다 등)으로 표현할 수 있게 됩니다.

고립의 사이클 2 : 안전하기 위한 나의 습관적 행동들

"그래서 저도 모르게 그 후로 팀장님을 자꾸 피하게 됐어요. 말을 거실 때는 어쩔 수 없이 대답을 하지만 그것도 무척 불편해요. 목소리도 작아지고요. 웬만하면 눈에 안 띄게 조심하게 되었던 것 같습니다."

고립의 사이클의 두 번째는 우리가 그런 감정으로 인해 자신을 보호하기 위한 안전한 행동을 하게 된다는 것입니다. 박 대리의 경우에는 회피(Fly)함으로 다른 행동을 하고 피하면서 자신을 지키기 위한 안전 행동을 선택했습니다. 어떤 사람은 공격(Fight)하면서 팀장에게 따질 수도 있고, 또 어떤 사람은 얼어붙어서(Freeze) 그 상황에서 아무런 말도 행동도 하지 못하고 그대로 머리가 백지가 되어 버릴 수도 있을 것입니다.

고립의 사이클 3 : 위축시키는 심리적인 현실

"그 후로 저를 복도에서 마주쳐도 인사를 잘 안 하세요. 다른 팀원들한테는 안부도 건네시는데…. 어제는 저를 보시더니 살짝 목례만 하고는 쌩 지나쳐 버리시더라고요. 저도 위축되고 사람들과도 불편해지게 된 것 같아요."

고립의 사이클의 세 번째는 이런 안전 행동의 결과가 실제로 어떤 결과로 나타나거나 심리적으로 왜곡된 결과를 만들어 내기도 한다는 것입니다. 그것을 위축시키는 심리적인 현실이라고 말하고자 합니다. 확인도 하지 않고 스스로 어떤 결론을 내어 버리고 그것을 사실이라고 믿는 것입니다.

팀장이 목례만 하고 지나갔다고 해서 박 대리를 싫어하는 것은 아닐지 모릅니다. 하지만 박 대리는 자신의 생각을 안전 행동과 연결 지어서 팀장의 행동을 '자신을 싫어하는 확증'으로 사용하고 현실이라고 믿게 되었습니다. 그 결과 사회적인 자아가 낮아지고, 사회적인 관계가 힘들어질 수 있게 되었습니다.

고립의 사이클 4 : 왜곡된 신념의 활성화

> "아무리 생각해 봐도 결국 조직이라는 곳에서 살아남으려면 똑똑하고 힘이 있어야 해요. 제가 다른 팀원처럼 더 스펙이 좋았더라면 저를 그렇게 무시하진 않을 테니까요. 세상이란 그런 곳이죠. 결국 그래요. 좋은 집에서 태어나서 좋은 대학 나와야 인간 대접을 받을 수 있는…."

고립의 사이클의 네 번째는 자동적인 해석을 더 강화하는 왜곡된 신념을 만들어 낸다는 것입니다. 이런 신념은 우리의 삶을 매우 고통스럽게 만들고, 사람들의 관계에서 고립감을 더욱 깊이 경험하게 합니다. 또한 우리로 하여금 상대의 말과 행동을 있는 그대로 보지 못하게 하고, 관찰할 수 있는 능력을 약화시키고 맙니다.

'세상은 결국 혼자야', '힘 있고 돈이 있어야 살아남아', '혼자서는 결코 해 낼 수 없어. 힘 있는 사람한테 의지해야만 해' 등과 같은 강한 왜곡된 신념들이 자리 잡으면 자동적인 해석이 강해지고, 다시 고립의 사이클의 첫 번째인 감각과 감정(불안하고 우울해지고 화가 나는 마음)으로 순환하게 됩니다.

고립 사이클은 단절의 대화 패턴을 만들어 냅니다

1. 판단하기

    "팀장님은 저를 싫어하세요."

    "저는 인정받지 못하고 있어요."

2. 비난하기

    "팀장님은 정말 냉정한 인간이에요."

    "전 모자라고 무능해요."

3. 비교하기

    "지난번 팀장님은 정말 좋았는데 어쩌다 이번에는 저런 팀장님을 만났을까요?"

    "저는 왜 송 대리처럼 인간관계를 부드럽게 맺지 못할까요?"

4. 강요하기

    "저한테 그런 식으로 말하면 안 되죠. 제게 사과하셔야 해요."

    "억울해도 참고 맞춰야만 살아남는 거죠. 참아야 해요."

5. 마땅하게 여기고 당연시하기

    "저런 인간은 조직에서 없어져야 당연한 거 아닐까요?"

    "제가 스펙이 좋지 않으니 이런 대우를 받는 건 당연한 거죠."

6. 합리화하고 책임을 부인하기

    "제가 비난하는 것은 제 잘못이 아니라 저 인간이 팀장답지 못해서예요."

    "제가 회식에 못 간 건 팀장님 책임이 아니에요. 제가 더 잘했다면 그러셨을 리가 없으니까요."

단절의 패턴

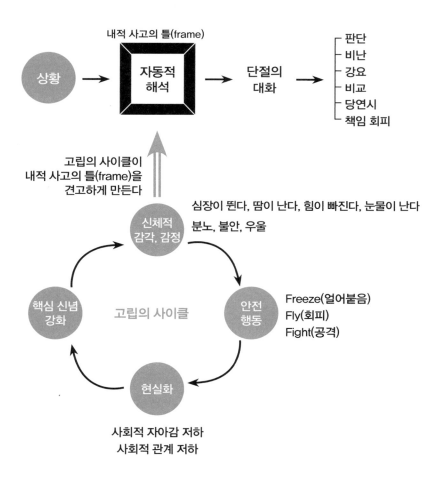

참조 : 아론 벡의 자동적 사고 인지도식

대화가 안 되는 동료나 자신을 어떻게 도울 수 있을까요

'나는 왜 자꾸 남들처럼 생각하지 못하고 삐딱하게 받아들일까?'라고 생각할 때 우리는 괴롭습니다. 원인을 알 수 없고, 자신이 바보 같기만 할 수도 있습니다. 또 상대를 보면서 '저 사람은 왜 자꾸 내 뜻을 오해하고 자기 멋대로 생각하고 화를 낼까?'라는 생각이 들 때는 정말 화가 나고, 내 말을 오해하는 상대가 밉고 싫어져서 다시는 보고 싶지 않을 수도 있습니다. 심지어 가능하다면 관계를 끊어 버릴 수도 있습니다.

그것이 꼭 나쁘다는 말은 아닙니다. 다만 이렇게 생각해 보시면 좋겠습니다. 때로는 자신이 자동적인 해석을 하면서 고립의 사이클에 빠진 것은 아닌지, 상대도 단지 나쁜 사람이어서가 아니라 고립의 사이클에서 헤어 나오지 못하는 것은 아닌지 말입니다.

대화가 도저히 통하지 않는 사람들, 말을 알아듣지 못하는 것 같은 동료나 부하 직원들, 자기 멋대로 생각하고 별일도 아닌 것에 발끈하는 상사를 이해하는 방법은 어쩌면 상대가 지금 고립의 사이클에 빠져 있는 것은 아닐지 생각해 보는 것입니다. 우리처럼 상대도 그럴 수 있으니까요. 그리고 그런 마음으로 상대를 바라보십시오. 아마 그전처럼 너무 밉거나 원망스럽기보다는 안쓰럽고 애처로워서 인간적인 연민이 우러나올지 모르겠습니다. 저는 우리가 단절의 패턴을 이해함으로써 상대와 나 자신을 조금 더 너그럽게 대했으면 좋겠습니다.

연결이 되는
대화의 패턴

대화를 이루는 네 가지 핵심 전제

앞에서는 왜 서로 대화를 하면 할수록 더 갈등에 휩싸이고 관계의 단절을 경험하게 되는지에 대해 알아보았습니다. 그 이유는 자기 기준에서 옳고 그른 것을 판단하려는 우리의 사고와 해석 때문이었습니다. 그래서 서로의 관계가 건강해지고 연결되기를 선택하고자 한다면 우리는 자동적인 해석으로 갔을 때 그것을 알아차리고 잠시 멈출 수 있게 됩니다. 그리고 난 후에 우리는 침묵 속에서 자기 대화를 하면서 선택적이고 의식적으로 관계를 맺을 수 있게 되고 서로에게 도움이 되는 방식으로 대화를 할 수 있게 됩니다. 이제 대화를 이루는 네 가지의 핵심 전제에 대해 다루어 보도록 하겠습니다.

저는 갈등 국가에서 중재를 하며 삶을 살아간 '비폭력 대화'의 개발자인 임상심리학 박사 마샬 로젠버그의 대화 기술을 지난 10년 동안 배우고, 한국에서 강사로서 나누었던 과거의 경험을 통해 이 대화의 기술들이 우리의 삶을 얼마나 크게 변화시킬 수 있는지를 확인했습니다. 동시에 이 대화법을 오랜 세월 배웠으면서도 자기 삶에 적용하지 못한 채 타인에게 '기술로써만' 적용하고 나눌 때 오히려 얼마나 폭력적인 도구가 될 수 있는지에 대해 비극적인 경험도 할 수 있었습니다.

그래서 특히 조직에서 긍정적인 영향력을 발휘하는 능력을 가진 사람이 되기 위해서 우리는 다음과 같은 내적인 능력을 익힐 필요가 있습니다.

1. 상대를 비난, 평가하는 습관을 알아차리는 능력
2. 자신의 내면을 바라볼 수 있는 시간을 확보하는 능력
3. 자신의 감정을 피하지 않고 제대로 인식하는 능력
4. 자신의 감정을 다양한 방식으로 구체적으로 표현하는 능력
5. 그 감정에 대한 책임을 자신의 욕구에서 찾을 수 있는 능력
6. 그 욕구를 충족할 방법을 스스로 혹은 협조를 통해 찾아 나가는 능력

세계적으로 많은 리더들에게 큰 영감과 가르침을 준 스캇 펙은 미성숙한 사람과 성숙한 사람의 차이를 이렇게 구별했습니다. 미성숙한 사람들은 자기들끼리 모여서 인생이 자신의 욕구를 채워 주지 못한다고 불평불만을 늘어놓고, 성숙한 사람들은 자신의 삶에서 필요한 욕구를 채우는 것이 자신의 책임이며, 심지어 기회라고 합니다.

말이 통해야 일이 통한다

우리는 마샬 로젠버그의 '비폭력 대화' 기술(관찰, 감정, 욕구, 요청)에 기반하여 외부를 향해 있던 우리의 손가락과 시선을 자신의 내면으로 돌려 스스로를 직면하고, 자신과 소통하는 방법에 대해 나누어 보도록 하겠습니다.

침묵의 자기 대화 1 : 관찰(자극점을 인식하기)

'박 대리 저 인간은 늘 문제야. 아무리 이해를 해 주려고 해도 그렇게 자기 멋대로 들락거리는 것은 도저히 이해할 수가 없어. 쟤 때문에 다른 팀원들의 마음도 술렁거리잖아. 정말 쟤가 우리 팀에 혹 덩어리야.'

이렇게 생각하는 김 과장의 마음은 복잡하고 짜증났습니다. 박 대리에 대해 이야기하는 내내 인상을 쓰고 한숨을 쉬었습니다. 김 과장은 박 대리를 미워하기 시작했습니다. 그러다 보니 말이 곱게 나가지 않았습니다. 김 과장도 그 사실을 알았고, 박 대리도 분명히 그것을 느꼈을 겁니다. 김 과장의 답답한 마음을 우리는 공감할 수 있습니다.

"선생님, 이럴 땐 어떻게 얘기해야 하나요? 리더십인지 뭔지 때문에 죽겠습니다, 아주!"

저는 김 과장의 마음을 헤아려 준 뒤 질문을 했습니다.

"박 대리에게 그 마음을 표현해 보신 적이 있었나요?"

"솔직하게 여러 차례 했죠. 그래도 매번 무슨 변명이 그리 많은지."

"어떻게 이야기하셨는지 들어 볼 수 있을까요? 제가 박 대리라고 생각하시고요."

"야! 박 대리, 너 정말 너무한 거 아니냐? 아니 회사가 친구네 집도 아니고 그렇게 너 맘대로 지각하고! 네가 보기에 우리 팀원들이 다 한가해서 시간 맞춰 오는 것 같아? 말해 봐!"

저는 그분께 이렇게 부탁드렸습니다.

"방금 그 말씀은 앞으로 속으로 하시는 걸로 하겠습니다. 왜냐하면 판단과 비난의 방식으로 말을 하게 되면 '잠시 동안 후련'하실지는 모르지만, 먼저 김 과장님이 정말로 뭘 원하시는지 박 대리가 알기 어렵습니다. 또한 그 말을 들은 박 대리는 저항하거나 변명하게 될 가능성이 높습니다. 무엇보다 당장은 원하는 결과를 볼 수 있을지 모르지만 두 분의 사이가 더 멀어지게 될 테고, 장기적으로 볼 때 협력은 어려워집니다."

"그럼 어떻게 말을 해야 하나요?"

"말씀하시기 전에 속으로 '자기 대화'를 해 보시죠. 이렇게 말입니다."

관찰은 나와 상대의 관점 차이를 좁혀 주는 대화의 시작입니다

"'쟤 또 지각이야. 저 한심한 인간을 정말!'이라고 생각하셨을 때 김 과장님이 보신 것은 어떤 거지요? 본 그대로를 속으로 말하듯이 말씀해 보세요."

→ "박 대리가 오늘 20분 늦게 들어왔고 아무 말 없이 자리에 앉았어. 이번 주 들어 두 번째야."

우리는 살면서 다양한 상황을 경험합니다. 가만히 서 있는데 어떤 사람이 툭 치고 지나가기도 하고, 모르는 사람이 앞서 가다가 문을 열고 기다려 주기도 합니다. 이런 것을 자극이라고 합니다. 자극을 '불편한 자극'과 '유쾌한 자극'으로 나누어 보도록 하겠습니다. 자극이 우리 머릿속에 침투하면 우리는 습관적인 말투로 이야기해 버리고 맙니다. 김 과장처럼 말이지요. 그러나 그런 습관적인 말은 듣는 이로 하여금 동의하기보다는 굴복, 또는 저항하거나 공격하고 변명하고 싶게 만들 가능성이 높습니다.

예를 들어, 사랑하는 연인에게 "너는 정말 책임감이 없어. 계속 무책임한 행동이 반복되는데 내가 널 왜 만나는지 나도 모르겠어"라고 말한다면 아마 상대는 "또 왜? 그럼 끝내!"라고 저항하며 말하거나 "미안해. 화 풀어. 내가 바쁘잖아. 이해해"라고 변명하기 쉬울 겁니다. 두 가지 반응 모두 상대에게는 짜증스러울 가능성이 높고, 무엇보다 두 사람은 서로를 이해하기가 더 힘들어질 것입니다. 그래서 우리는 서로 깊이 연결되고 이해할 수 있도록 대화를 하는 것이 중요합니다.

알아차리는 과정이 감정을 차분하게 전환해 줍니다

우리는 말을 하기 전에 자기 대화를 함으로써 습관적인 대화 표현을 대신해 의식적인 대화를 할 준비를 하게 됩니다. 그 과정은 다음 요소로 이루어집니다.

1. 하던 일 멈추기 - '내가 지금 판단을 사실이라고 믿고 있구나.'

2. 알아차리기 - '지금 내가 보고 들은 게 무엇인가?'

김 과장은 박 대리에게 말하기 전에 머릿속에 박 대리에 대한 불편한 생각들을 많이 하고 있었습니다. 그런데 그 일을 멈추고 스스로에게 이야기하는 것입니다. "아, 내가 지금 박 대리가 게으르고 형편없다고 생각하고 있었구나. 그게 사실이라고 믿었구나"라고 말입니다. 우리는 판단을 관찰로 바꾸었을 뿐인데도 자신의 감정이 조금 편안해지는 경험을 하게 됩니다.

그 후에 알아차리는 과정을 통해 김 과장이 본 박 대리의 모습을 있는 그대로 관찰로 표현해 보는 것입니다. "오늘 20분 늦게 들어왔고 아무 말 없이 자리에 앉았어. 이번 주 들어 두 번째야"라고 말입니다. 이것이 자기 대화의 첫 번째 단계입니다.

'관찰'과 '평가'를 구별하는 능력은 매우 중요합니다

관찰과 평가를 구별하는 것은 그리 쉽지만은 않습니다. 우리는 스스로가 사실과 이미지를 꽤 구별할 수 있다고 착각하지만, 종종 자신이 해석한 평가를 사실이라 믿으면서 말하곤 합니다. 예를 들어, 우리가 어떤 대상에 대해 "겉멋이 든 사람이군"이라고 말할 때 옆에 있던 꼬마 아이는 "와~ 저 아저씨 머리가 반짝거려. 목에 리본이 달려 있어. 하얀색 재킷을 입었네?"라고 말할지 모릅니다. 바로 이것이 평가와 관찰의 차이입니다.

평가하는 자신을 의식하고 관찰로 의식을 돌리면 우리는 다양성의 눈을 갖게 됩니다. 여기서 관찰이란 있는 그대로의 현상을 '카메라로 찍은 듯' 묘사하는 것이고, 들은 그대로의 말을 '녹음기로 듣는 것'처럼 반영하는 것이며, 자기 짐작, 선입견, 경험, 평가를 배제하는 것입니다.

대화 연습

• 연습의 대상은 가족, 동료, 친구, 상사, 자녀 등 누구나 될 수 있습니다.

1. 못마땅하게 행동하는 사람을 발견했다면 그 사람의 행동을 평가해 보세요.

예 1) 전철에서 맞은편에 앉은 남성 – '저 사람은 매너라곤 도통 없네.'

예 2) 14년간 같은 집에 산 아들 – '쟤는 역시 성실하구나.'

2. 자극점을 관찰로 다시 전환해 보세요.

예 1) '맞은편에 할아버지가 서 계신데 다리를 벌리고 앉은 채 껌을 씹고, 다리는 떨고, 핸드폰으로 영상을 보고 있는데 소리가 내 자리까지 들리네.'

예 2) '내가 시키지도 않았는데 밤 9시가 되자 책가방을 현관에 내어 놓고 강아지 발을 씻기고 침대에 누워서 책을 읽고 있네.'

침묵의 자기 대화 2 : 감정(자극과 함께 올라오는 감정 맞이하기)

"김 과장님, 박 대리가 오늘 20분 늦게 들어왔고 아무 말도 없이 자리에 앉았지요? 그리고 다른 팀원이 그걸 보고 한숨을 쉬었는데요. 그걸 생각하면 화도 나시고 걱정도 되세요?"

"네."

"그걸 속으로 말하듯이 해 보실까요?"

→ "박 대리가 오늘 20분 늦게 들어왔고 아무 말 없이 자리에 앉았
어. 그리고 그걸 보니까 내가 지금 화도 나고 걱정도 돼. 많이."

우리는 '감정 표현 불능'이란 증상에 시달리고 있습니다. 도대체 감
정이란 무엇일까요? 유명한 협상학자들은 공통적으로 상대의 감정
을 잘 파악하고 다룰 수 있어야 한다고 말합니다. 그리고 최대한 이성
적이고 합리적인 판단 아래 의사결정을 하라고 말합니다. 그렇다면
감정적이어야 한다는 걸까요, 이성적이어야 한다는 걸까요?

감정과 이성은 매우 밀접한 연결 고리로 이어져 있습니다. 우리는
"감정은 집어넣고 이성적으로 행동하라"는 말을 하곤 하지만, 사실
그것은 불가능합니다. 왜냐하면 누구나 감정을 제대로 보지 못하면
매우 감정적인 판단으로 행동하기 쉽기 때문입니다. 다시 말해 감정
을 정확히 인지하고 직면하는 사람만이 합리적이고 이성적인 판단을
할 수 있다는 뜻입니다.

조직에서 어떤 상사가 "나는 이성적인 사람이야. 감정적으로 구는 사
람이 너무 싫어"라고 말하지만, 정작 그가 매우 감정적이고 일관되지 못
한 경우를 보기란 어렵지 않을 것입니다. 단지 우리는 감정을 억누르고
있을 뿐, 자신이 매우 감정적인 사람이라는 사실을 부인하기는 어렵습
니다. 그래서 감정은 잘 다루고 보살피고 정확히 알 필요가 있습니다.

감정 목록

욕구가 충족되었을 때		욕구가 충족되지 않았을 때	
평화로운	재미있는	성난	안절부절 하는
편안한	생기 도는	격노한	풀이 죽은
평온한	기운 나는	화가 난	귀찮은
마음이 넓어지는	원기 왕성한	냉랭한	기운이 빠지는
너그러워지는	매료된	분개한	맥 빠진
긴장이 풀리는	흥미가 있는	억울한	뒤숭숭한
진정되는	궁금한	언짢은	당혹스러운
안도감이 드는	전율이 오는	초조한	얼떨떨한
호기심이 드는	유쾌한	조급한	혼란스러운
고요한	통쾌한	서운한	불안한
느긋한	놀란	섭섭한	마음이 두 갈래인
흐뭇한	감격스런	슬픈	거북스러운
흡족한	벅찬	실망한	마비가 된 듯한
고마운	용기 나는	낙담한	경직된
감사한	개운한	무기력한	암담한
반가운	뿌듯한	지겨운	막막한
든든한	후련한	외로운	수줍은
다정한	만족스러운	아픈	걱정스러운
부드러운	자랑스러운	비참한	근심스러운
행복한	짜릿한	허전한	긴장된
수줍은	신나는	공허한	압도된
기쁜	산뜻한	두려운	놀란
황홀한	즐거운	겁나는	부끄러운
무아지경의	기대에 부푼	불안한	좌절스러운
흥분되는	희망에 찬	피곤한	짜증난
		지친	부러움
		지루한	아쉬운

출처 : Rosenberg, Marshall B (2003). *A Language of Life : Nonviolent Communication*
*이 감정 목록은 복사를 하셔서 여러 군데 붙여 놓으시고 활용하시면 도움이 됩니다.

"집에 급한 일이 있는데 상사가 다가오더니 집에 가 보라고 말해 주었을 때 호흡이 편안해지고(몸의 감각), 고맙습니다(감정)."

"9살 된 아이가 동생에게 레고를 주며 '갖고 놀아'라고 말하는 모습을 봤을 때 미소가 지어지고(몸의 감각), 뿌듯하고 흐뭇합니다(감정)."

"사춘기 자녀가 다가와 '엄마, 아빠, 힘드시죠? 기운 내세요'라고 말했을 때 눈가에 눈물이 고이고(몸의 감각), 뭉클하고 행복합니다(감정)."

"아주 친했던 입사 동기가 다른 회사로 이직하게 되었다고 말했을 때 몸에 기운이 빠지고(몸의 감각), 서운하고 허전합니다(감정)."

"3일간 밤을 새우고 완성한 보고서에 내 이름이 없는 것을 봤을 때 심장이 쿵쾅거리고 땀이 나며(몸의 감각), 억울하고 분합니다(감정)."

"회의 시간에 상사가 굳은 얼굴로 '의견들 없어? 말을 해 봐'라고 말했을 때 몸이 뻣뻣해지고 뒷골이 당기며(몸의 감각), 위축되고 긴장됩니다(감정)."

이것이 몸의 감각에 따라오는 감정입니다. 일상 속에서 무언가를 보거나 들었을 때 평소와 다르게 반응하는 몸의 감각이 있습니다. 그것에 이름을 붙이면 '감정'이 됩니다.

똑같은 조건에서도 각각 다른 감정을 느낄 수 있습니다
만약 '가족들이 여행을 가서 하루 24시간 내내 집에 혼자 있다'라는

동일한 자극이 A, B, C, D, E라는 다섯 사람에게 주어졌다고 생각해
봅시다.

> A-"무섭습니다."
> B-"평화로워요."
> C-"지루합니다."
> D-"외롭습니다."
> E-"즐겁습니다."

동일한 자극인데 왜 모두 다르게 느낄까요? 다섯 명이 원하는 것이
모두 다르기 때문입니다. 우리가 무엇을 원하느냐에 따라 감정이 달
라지는 것입니다. 상대나 상황 자체 때문에 감정이 생기는 것이 아닙
니다. 다시 말해서, 개개인이 원하는 것에 따라 같은 자극, 같은 상황
에 놓여 있어도 모두 다른 감정을 느낄 수 있습니다. 그러므로 감정
의 책임은 본인에게 있습니다. 마찬가지로 상대가 느끼는 감정의 책
임은 상대에게 있습니다. 심리학자 아들러는 우리가 서로 이런 과제
를 분리하는 것이 매우 중요하다고 이야기했습니다. 정리하면 이렇
습니다.

> 1. 같은 상황에서도 감정은 모두 다를 수 있다.
> 2. 그것은 감정의 원인이 자신의 핵심 욕구에 있다는 뜻이다.
> 3. 그래서 자기 감정의 책임은 자기 자신에게 있다.

대화 연습

- 혼자, 혹은 친밀한 동료와 함께 연습해 보세요.

1. 캄캄한 극장에 있으면 어떤 사람은 두렵다고 하는데, 여러분은 어떤 감정이 듭니까?

2. 비행기를 타면 어떤 사람은 심장이 벌렁거리고 무섭다고 하는데, 여러분은 어떤 감정이 듭니까?

3. 동창 모임에서 누군가가 "야, 오늘 내가 다 살게"라고 말하면 어떤 사람은 너무 위축된다고 하는데, 여러분은 어떤 감정이 듭니까?

4. 아침 일찍 카페에 들어섰을 때 진한 커피향이 가득하면 어떤 사람은 행복하다고 하는데, 여러분은 어떤 감정이 듭니까?

5. 혼자 3일간 여행을 떠나게 되면 어떤 사람은 긴장되고 불안하다고 하는데, 여러분은 어떤 감정이 듭니까?

6. 상사가 "오늘 바쁘면 회식에 안 와도 돼"라고 말하면 어떤 사람은 좋아하는데, 여러분은 어떤 감정이 듭니까?

7. 회의 때 "모두 자기 의견을 편안하고 자유롭게 말해 보세요"라는 말을 들으면 어떤 사람은 부담스러워하는데, 여러분은 어떤 감정이 듭니까?

침묵의 자기 대화 3 : 핵심 욕구(감정의 원인을 파악하기)

"김 과장님, 좀 전에 관찰한 것을 생각하면 화도 나고 걱정도 된다고 하셨는데요. 그 이유는 서로가 동의한 질서가 잘 지켜지고 공동체의 다른 사람들도 배려받기를 원하기 때문이신가요?"

"네! 바로 그거죠. 그걸 알아야죠, 박 대리가."

"그걸 속으로 말하듯이 해 보실까요?"

→ "박 대리가 오늘 20분 늦게 들어왔고 아무 말 없이 자리에 앉았어. 그리고 그걸 보니까 내가 지금 화도 나고 걱정도 돼. 내가 화가 나고 걱정이 되는 이유는 조직에서 지키기로 한 규칙들이 잘 지켜지고 다른 사람들도 배려받길 바라기 때문이야."

"방금 말씀하신 것까지가 자기 대화입니다. 수고하셨어요."

"선생님, 하나를 더 찾았습니다."

"뭔가요?"

"말하다 보니까 서운하다는 감정도 들어요. 왜냐하면 저의 리더로서의 고충도 이해받고 싶거든요."

"축하합니다! 자기 대화를 통해서 김 과장님의 핵심 욕구를 잘 찾아가셨네요."

만약에 집에 급한 일이 있는데 상사가 다가오더니 집에 가 보라고 말해 주면 왜 고마울까요? 친절한 상사 때문일까요? 전 아니라고 생각합니다. 내 상황에 대한 '이해와 도움'이 필요했고 그것이 채워졌기 때문이지요. 9살 된 아이가 동생에게 레고를 주며 "갖고 놀아"라고 말하는 모습을 보면 왜 뿌듯하고 흐뭇할까요? 아이가 양보심이 많아서일까요? 전 아니라고 생각합니다. 우리 아이에게 배려심을 가르치고 싶었는데 그것을 확인했기 때문이지요.

사춘기 자녀가 다가와 "엄마, 아빠, 힘드시죠? 기운 내세요"라고 말하면 왜 뭉클하고 행복할까요? 자녀가 다정한 아이라서일까요? 전 아니라고 생각합니다. 부모인 저도 때론 위로와 사랑을 받고 싶기 때문이지요. 아주 친했던 입사 동기가 다른 회사로 이직하게 되었다고 말을 하면 왜 서운하고 허전할까요? 내가 혼자 남겨지기 때문일까요? 전 아니라고 생각합니다. 힘들고 기쁜 일들을 믿고 소통할 대상이 떠나기 때문이지요.

3일간 밤을 새우고 완성한 보고서에 내 이름이 없는 것을 보면 왜 억울하고 분합니까? 상대가 이기적이고 교활해서일까요? 전 아니라고 생각합니다. 내 노력에 대한 인정과 진실되고 믿을 수 있는 신뢰가 중요하기 때문이지요. 회의 시간에 상사가 굳은 얼굴로 "의견들 없어? 말을 해 봐"라고 하면 왜 위축되고 긴장될까요? 믿을 수 있고 안정된 상황에서 자기표현을 하길 원하기 때문이지요.

감정은 우리의 '핵심 욕구'의 충족 여부에 따라 변합니다

마샬 로젠버그 박사는 "우리의 감정은 충족되었거나 충족되지 않은 욕구의 신호이다"라고 말했습니다.

핵심 욕구가 바로 '감정의 원인'입니다. 우리는 그동안 상대나 상황으로부터 받은 자극 때문에 우리가 짜증나는 것이라고 믿었을지도 모릅니다. 하지만 우리가 짜증이 나거나 불쾌한 이유는 상황이나 상대 때문이 아니라 우리의 중요한 핵심 욕구가 채워지지 않았기 때문입니다. 앞에서 다루었던 예를 다시 살펴보겠습니다.

만약 '가족들이 여행을 가서 하루 24시간 내내 집에 혼자 있다'라는 동일한 자극이 A, B, C, D, E라는 다섯 사람에게 주어졌다고 생각해 봅시다.

A-"무섭습니다." / 충족되지 않은 핵심 욕구 : 정서적인 안정, 안전함
B-"평화로워요." / 충족된 핵심 욕구 : 혼자만의 시간, 여유, 자기 돌봄
C-"지루합니다." / 충족되지 않은 핵심 욕구 : 재미, 즐거움
D-"외롭습니다." / 충족되지 않은 핵심 욕구 : 소통, 친밀함, 함께함
E-"즐겁습니다." / 충족된 핵심 욕구 : 재미, 흥, 자율성

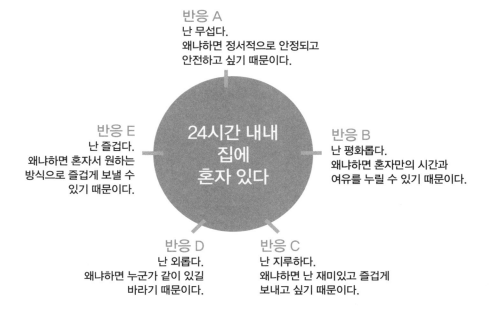

욕구 목록

생존의 욕구 – **신체, 정서, 안전**	사회적 욕구 – **소속감, 협력, 사랑**
공기, 음식, 물, 주거, 휴식, 수면, 안전, 신체적 접촉(스킨십), 성적 표현, 정서적 안전 편안함, 돌봄을 받음, 보호 받음, 애착 형성, 자유로운 움직임, 운동, 안정성, 자기 보호	봉사, 친밀한 관계, 유대, 소통, 연결, 배려, 존중, 상호성, 공감, 이해, 수용, 지지, 협력, 도움, 감사, 사랑, 애정, 관심, 호감, 우정, 가까움, 나눔, 소속감, 공동체, 안도, 위한, 신뢰, 확신, 예측 가능성, 일관성, 참여, 기여, 성실성, 평화, 여유, 아름다움, 가르침
힘의 욕구 – **성취, 인정, 자존감**	재미의 욕구 – **놀이, 배움**
평등, 질서, 조화, 자신감, 자기 표현, 자기 신뢰, 중요하게 여겨짐, 효능감, 능력, 존재감 ,정직, 진실, 인정, 일치, 개성, 숙달, 전문성, 자기 존중, 정의, 보람	즐거움, 재미, 유머, 자각, 도전, 깨달음, 자극, 열정, 명료함, 배움, 목표 발견
자유의 욕구 – **독립, 자율성, 선택**	삶의 의미 – **의미, 비전, 회복**
성취, 생산, 성장, 창조성, 치유, 선택, 승인, 자유, 주관을 가짐(자신만의 견해나 사상), 자율성, 독립	의미, 인생 예찬(축하, 애도), 기념하기, 회복, 희망, 비전, 꿈, 영적 교감, 영성

참조 : William Glasser: Basic – needs/ Marshall B.Rosenberg : Needs list
*이 욕구 목록은 복사를 하셔서 여러 군데 붙여 놓으시고 활용하시면 도움이 됩니다.

'욕구' 차원에서는 모두 이해하고 교감할 수 있습니다

"저는 우리 팀에서 중간관리자를 담당하고 있습니다. 얼마 전에 팀장님이 새로 오셨어요. 요즘 우리 팀에선 그 팀장님만 없으면 분위기가 좋습니다. 얼마나 독재적이신지, 기존 우리 팀원들은 그 분을 금세 싫어하게 되었습니다. 퇴근 시간이 되면 '지금 가는 거야?' 하시고, 점심시간이 되면 묻지도 않고 '맛있는 데 있으니 따라와' 하면서 끌고 가십니다. 우리에게 사소한 것도 의견을 잘 묻지 않으세요.

지난번 모두 둘러앉아서 우연히 받게 된 교육 시간에 강사님이 자기에게 중요한 핵심 욕구를 골라서 소리 내어 읽어 보라고 하셨습니다. 저는 '소통', '공동체', '존중'을 골랐습니다. 다른 팀원들에게서 '감사', '돌봄', '인정', '자율성', '자유', '주관을 가짐', '즐거움', '재미', '효율성' 등이 나왔습니다. 그리고 팀장님은 '소통', '친밀감', '소속감', '존중'을 고르셨습니다.

우리 팀원들의 욕구들이 모두 나왔고, 강사님이 그걸 판서하셨습니다. 강사님은 그 욕구들을 다 쓰시더니 큰 원으로 묶으셨습니다. 그리고는 '이 욕구들은 모두 다르지만 하나입니다. 왜냐하면 내가 고른 욕구가 아니더라도, 즉 상대가 고른 욕구라 할지라도 나에게 중요하기 때문입니다. 박 과장님, 팀장님이 고르신 '친밀감'이라는 욕구가 과장님에게도 살아가면서 중요한가요?'라고 물으셨습니다.

저는 그 질문을 받고 사실 좀 놀랐습니다. 첫 번째는 팀장님에게 그런 핵심 욕구가 있다는 것을 몰랐기 때문이고, 두 번째는 그 욕구를 알고 나서 팀장님을 보니 조금 이해가 되기 시작했기 때문입니다. 물론 묻지도 않고 이리저리 끌고 다니시는 건 싫지만 그 의도가 우리와 친해지고 싶으셨기 때문이라는 생각이 들자 좀 이해가 되었습니다. 욕구라는 것을 알고 나니 좀 명료해지는 기분이 들었어요."

특정한 요구 사항에 대한 판단에서 벗어나 그 행동의 원인인 핵심 욕구를 찾고 의식하다 보면 우리는 행동에 동의하지는 못하더라도 욕구는 이해할 수 있게 됩니다. 담배를 피우는 중학생의 행동에 동의하진 못해도 그 행동의 원인인 친구들과의 소통, 휴식, 위로 등의 욕구는 이해할 수 있습니다. 왜냐하면 우리에게도 소통과 휴식, 위로는 중요한 욕구이기 때문입니다. 우리는 그때야 비로소 상대를 비난하지 않으면서 우리가 원하는 방법으로 안내할 수 있습니다. 상대의 욕구를 이해하면 어떤 갈등이든 창의적으로 해결해 나갈 수 있는 길이 보입니다.

인간의 모든 행동의 동기는 '핵심 욕구'에서 나옵니다

윌리엄 글래서라는 학자는 선택 이론을 통해 우리에게는 중요한 욕구들이 있는데 우린 그 욕구들을 충족하기 위해서 살아가는 존재라는 것을 지적한 바가 있습니다. 삶의 질을 높이기 위해선 우리의 욕구들을 바람직한 방법으로 충족시키는 것이 매우 중요하다고 했습니다. 그래서 저는, 우리의 모든 행동은 어떤 욕구를 충족하기 위한 노력이고 도전이라고 생각합니다. 우리가 우리 자신이나 상대를 이해하고 공감할 수 있는 가장 강력한 지점은 바로 행동이나 말 자체가 아니라 숨겨져 있는 핵심 욕구를 찾아내는 데 있습니다.

욕구란 나이, 성별, 인종, 문화, 교육 수준의 정도, 성장 배경과 관계없이 모두에게 보편적인 것이고, 조직에서나 가정에서 우리의 삶을 생동감 있게 해 주는 동력이 되며, 우리의 갈등을 평화롭게 해결해 주는 강력한 열쇠가 됩니다. 특히 상대를 이해하기 힘들 때 우리는 상대의 요구 사항(말 혹은 행동)에 집중하는 대신, 말속에 숨겨진 핵심 욕구를 찾아볼 필요가 있습니다. 상대 또한 자신의 어떤 욕구를 충족시키고 싶어 할 뿐이니까요. 우리와 상대의 욕구를 모두 찾고 갈등을 해결하기 위해서는 먼저 우리 자신의 욕구에 늘 의식적으로 깨어 있을 필요가 있습니다.

대화 연습

• 침묵으로 혼자 연습해 보세요.

1. 부하 직원이나 동료, 상사의 행동 중 마음에 들었거나 들지 않았던 가벼운 사례를 떠올려 보세요.

2. 자극점을 찾아 '관찰'로 적어 보세요.

3. 그것을 관찰하고 있을 때 어떤 감정이 느껴지는지 생각해 보세요.

4. 그 감정의 원인인 핵심 욕구가 무엇인지 찾아보세요.

예 1)

1. 오늘 오전 우리 팀 분위기가 떠오른다.

2. 팀장님이 오전 9시경 내 책상에 따뜻한 캔 커피를 올려놓으셨다.

3. 고맙고 왠지 따뜻하다. 왜지?

4. 나의 '관심'과 '소속감'이라는 핵심 욕구가 채워졌기 때문이구나.

예 2)

1. 이 동료는 자꾸 약속을 어긴다. 오늘도 그랬다.

2. 동료와 3시에 만나기로 했는데 지금은 3시 20분이고 전화기는 꺼져 있다.

3. 실망스럽고 답답하다. 왜지?

4. 나는 동료 간에 '신뢰'와 '예측 가능성', 그리고 '존중'을 중요하게 생각하기 때문이구나.

침묵의 자기 대화 4 : 요청(원하는 것을 표현하기)

"그런데 제가 박 대리에게 이렇게 말한다고 될까요?

'박 대리가 오늘 20분 늦게 들어왔고 아무 말 없이 자리에 앉았어. 그리고 그걸 보니까 내가 지금 화도 나고 걱정도 돼. 내가 화가 나고 걱정이 되는 이유는 조직에서 지키기로 한 규칙들이 잘 지켜지고 다른 사람들도 배려받길 바라기 때문이야.'

제가 보기에는 뭔가 부족한 것 같은데요? 문제 해결이 없잖아요."

"그러시죠? 그럼 이제 박 대리에게 어떤 요청을 하고 싶으신가요?"

"잘못을 똑바로 알고 지각하지 말라고 하고 싶어요."

"제가 보기에 그 말은 '비난과 함께 원치 않는 것을 표현'하고 있는 것 같아요. 원하는 것을 말씀해 보실 수 있을까요? 박 대리가 어떻게 행동해 주기를 바라시는지 말이에요."

"제시간에 왔으면 좋겠습니다."

"제시간이라면 모두가 동의한 9시까지 말이지요? 무조건 말입니까?"

"아니요. 일단 9시가 정해진 규칙이고요, 부득이한 경우 한 시간 전에는 문자를 남겨 주었으면 좋겠어요."

"네, 바로 그겁니다. 원치 않는 것을 표현하는 것이 아니예요. 원하는 것을 속으로 한번 되뇌어 보시지요."

→"나는 박 대리가 우리가 약속한 시간인 9시 이전까지 사무실에 들어와 주기를 바라고 있다. 혹 급한 일이 생겼을 때는 한 시간 전까지 연락해 주기를 바라고 있다. 이 점을 박 대리에게 내일 요청해야겠다고 생각하고 있다."

우리는 살면서 잘 요청하지 않습니다. 요청하지 않으면서 알아주길 바라고, 원치 않는 것을 표현하거나 비난하면서 요청을 했다고 착각합니다. 우리는 자기 대화를 통해서 스스로에게 자신이 무엇을 원하는지 물어볼 필요가 있습니다. '아, 내가 박 대리가 제시간에 사무실에 들어와 주기를 요청하고 싶어 하는구나. 내일 조용한 시간에 따로 만나서 박 대리에게 이 말을 해야겠다'고 스스로에게 요청하는 것입니다.

원하는 것을 표현하면 그것이 이루어질 가능성이 높아집니다

"다시는 팀원들에게 짜증 내지 말아야지."

→ "다음부턴 짜증이 나면 잠시 쉬고 나서 다시 회의하자고 말해
야지."

"뛰지 마. 소란스럽게 하지 마."

→ "회의 중에는 살살 들어와 달라고 말해야지."

"끼어들지 말자."

→ "남들이 말을 할 때는 가만히 침묵하고 들어야지."

우리는 상대에게 표현하기 이전에 우리가 어떤 식으로 요청하고
있는지에 대해 알아볼 필요가 있습니다. 자기 대화가 그것을 가능하
게 도와줍니다. 조용히 침묵 속에서 과연 내가 하려는 요청의 말들이
강요는 아닌지, 명확하고 부드러운 지시인지, 다양성을 인정하는 요
청의 의도인지 살펴볼 필요가 있습니다.

마음속의 요청을 확인하면 타인을 향한 요청의 능력이 확장됩니다
우리가 매일매일 작은 자극을 통해 스스로에게 어떤 행동을 하길 요
청하는지는 매우 중요합니다. 우리가 자기 대화를 하면서 스스로가
어떻게 행동할지를 선택하는 것은 우리 내면을 매우 명료하게 해 주
고 실행 가능성을 높여 주기 때문입니다. 또한 동료나 팀원들에게 요
청할 때 좀 더 손쉽고 자연스럽게 할 수 있게 도와줍니다.

자기 대화의 기술

1. 자극점을 인식하기 : 관찰

    어떻게 판단하나 → "무엇을 보고 들었나"

2. 감정을 맞이하기 : 감정

    어떻게 해석하나 → "어떻게 느끼나"

3. 감정의 원인을 파악하기 : 핵심 욕구

    무엇이 문제이고 누구 때문인가 → "내게는 무엇이 중요한가"

4. 원하는 것을 표현하기 : 요청

    원치 않는 것이 무엇인가 → "원하는 것을 찾아보기"

<u>권유합니다</u>

하루 한 번씩 자기 대화를 해 보세요.

1. 오늘 하루 중에서 나에게 자극으로 다가온 유쾌한/불쾌한 사건은 뭐지?
2. 그때 어떤 생각들이 떠올랐지?
3. 그중 어떤 것이 자극점인지, 관찰로 표현해 볼까?
4. 나는 어떤 감정을 느끼고 있지?(목록을 보고 찾아보자)
5. 그 자극으로 인해 충족된/충족되지 않은 내 핵심 욕구는 뭘까?
6. 나는 내 감정의 원인이 내 핵심 욕구에 있었음을 동의할 수 있나?

예 1) 잠들기 전에 불을 끄고 누워서 해 보기(**유쾌한 자극**)

1. 오늘 아침부터 거래처 담당자가 자꾸 승인을 미뤄서 짜증나고 머리가 아팠는데 우리 팀원이 나를 이해했는지 내 마음을 알아주고 센스 있게 행동했어.
2. 정말 친절하고 마음에 드는 사람이라고 생각했어.
3. 오후 2시경 내 자리에 내가 좋아하는 하와이안 코나 커피를 가져다줬고, 내일까지 주기로 한 자료를 오늘 마쳐서 하루 미리 가져다줬어.
4. 좀 든든하고 고맙고 안심도 된다.
5. '배려'와 '이해', '예측 가능성'과 '효율성', 그리고 '협조'인 것 같아.
6. 그 당시 나는 내 마음을 이해받고 싶었고, 앞으로의 일을 어느 정도 미리 예측할 수 있는 게 중요했고, 자료를 하루 미리 받음으로써 협조와 효율성이 이루어져서 안심이 되고 든든하다고 생각했던 것 같아.

예 2) 잠자는 시간을 피해서 잠시 여유가 있을 때 혼자 5분간 해 보기**(불쾌**

한 자극)

1. 오늘 상사가 점심시간에 다 같이 있는 자리에서 회식에 대해 얘기했

   을 때가 여전히 마음에 걸려.

2. 상사가 나를 싫어하는 것 같다는 생각이 들었어. 난 소외된 것 같았어.

3. 상사가 나에게 "바쁘면 오늘 회식에 빠져도 돼"라고 말했어.

4. 나는 좀 두려웠고, 오후 내내 신경이 쓰였고 불안하기도 했어.

5. 내가 이 조직의 일원으로 환영받고 있고 소속되었다는 느낌과 상사가

   어떤 의미로 그 말을 했는지에 대해 명확하게 이해하고 싶어.

6. 하지만 두려워서 말을 못했지. 그리고 그 원인이 상사가 불친절하기

   때문이라고 생각했어. 그러나 이제는 알아. 나에게 환영받고 인정받

   으며 소속감을 채우는 게 얼마나 중요한지를 말이야. 그래서 그렇게

   불안했던 거구나. 그래, 그래서 불안했구나.

정직하고
명료하게 말하기

살면서 요청을 잘하며 살아가는 것은
말하는 사람이나 듣는 사람 모두가 바라는 일입니다.
왜냐하면 우리가 잘 말할 수 있고, 상대가 우리의 요청을 잘 이해하고 듣게 되면
대부분의 일들이 이루어지기 때문입니다.

지금까지 상대와 대화를 나누기 전이나 평소에 자기 스스로를 공감할 때 어떻게 자기 대화를 할 수 있는지에 대해 다루어 봤습니다. 이러한 과정을 통해 우리는 자신의 감정에 대해 스스로 책임을 지면서도, 자기 감정을 숨기거나 억누르지 않고 솔직히 직면하며, 상대와 대화를 나누기 전에 스스로를 차분하게 바라볼 수 있는 힘을 키워 나가게 됩니다. 자기 대화가 잘 이루어지는 만큼 상대와의 대화도 유연하고 평화롭게 해 나갈 수 있는 능력을 갖추게 됩니다. 결국 대화라는 것은 자기 내면에서의 침묵을 통한 자기 대화의 수준에 따라 달라지는 것입니다.

이제는 대화의 두 가지 요소인 말하기와 듣기 중에서 실전에서 비교적 쉽게 해 볼 수 있는 구체적인 대화의 원리와 방법들에 대해 다루고 연습해 보도록 하겠습니다. 대화는 각자가 스스로의 감정에 책임을 지며, 말하고 듣기를 주고받는 과정이라고 할 수 있습니다. 우리가 듣기에 앞서서 먼저 말하기에 대해 다루는 까닭은 말을 함으로써 대화를 시작하기 때문입니다. 우리 속담에 "오는 말이 고와야 가는 말이 곱다"는 말이 있듯이 우리가 어떻게 말을 하느냐에 따라 듣는 사람의 반응이 거의 결정되기 때문입니다.

우리는 마음에 들지 않는 상대의 행동을 보면 대개 비난하거나 평가하면서 말을 하기 시작합니다. 그것이 솔직한 표현이라고 믿습니다. 그러면서도 상대로부터는 부드러운 반응을 기대합니다. 그러나 그렇게 될 가능성은 그리 높지 않습니다. 왜냐하면 상대가 주로 공격하거나 자기 입장에 대해서만 설명하려고 하기 때문이지요. 따라서 우리는 자기 자신을 위해서라도 자신이 표현하고자 하는 바를 상대에게 불편하지 않도록 전달할 필요와 책임이 있습니다.

내가 원하는 것을
요청하는 방법

리더도 자신과 다른 의견을 정말 들어 보고 싶어 합니다

"직원들이 회의 시간이면 말을 안 해요. 아무리 말을 해 보라고 해
도 다들 책임지기 싫어하고요. 답답합니다. 임원이 되고 나서 정말
이지 힘들 때가 많아요. 제가 의사결정자이기는 해도 제가 다 아는
건 아니거든요. 말들을 해야 일을 하든지 말든지 할 것 아닙니까?
이럴 땐 어떻게 요청해야 하나요?"

"저는 중역이 된 후 이 고민이 늘 가슴속에 있었습니다. 그런데 고
민을 계속한 나머지 부하 직원들이 회의 시간에 말을 하지 않으면
그만 화를 내곤 했습니다.
'말들 좀 하라고! 다들 생각이 없는 거야, 자기 일이 아니라고 생각
하는 거야?'

상사의 어떤 말은 무조건 강요로만 들리고, 두렵고 불편하게 느껴질 수 있다는 것을 알게 되었습니다. 어떤 직원이 전에 다니던 직장에서 자신의 의견을 이야기했다가 호되게 비난받아 다시는 말을 하지 않기로 결심했다는 말을 듣고 나니 생각이 좀 달라졌습니다. 저도 예전에 한 상사 앞에서 제 의견을 강하게 주장했다가 비난을 받아서 오랫동안 가슴에 응어리로 남았던 기억이 있거든요.

그런데 직장 내에서 '요청'과 '지시'를 명확하게 분리하고 난 후 어떤 것을 요청할 때 마음이 편안해졌습니다. 왜냐하면 직원들이 제 의견에 반대하는 말을 하는 것이 오히려 도움이 되기도 하고, 더 진실한 이야기를 주고받을 수 있게 되었기 때문입니다. 제가 요청인지, 지시인지 명확하게 말하고 대화를 시작하니까 그런 힘든 점들이 많이 해결되었습니다."

진정한 요청은 다른 제안을 들어도 괜찮을 때 가능합니다

"예전 저희 팀 상무님이 자녀가 다 유학을 갔는데, 어느 날 제게 와서 '박 부장, 오늘 나랑 저녁 먹을래?'라고 하신 적이 있습니다. 저는 그날 아이들과 했던 약속을 지키고 싶어서 내일 어떠시냐고 제안을 했습니다. 그런데 다음 날 제 보고서에 대해 '이게 뭐냐!' 하며 인상을 쓰고 신경질을 내는 상사를 보면서 매우 혼란스러웠습니다. 그 후로 거절을 거의 못했던 기억이 있습니다.

이제는 그 상사가 요청과 지시를 구별하지 못했다는 것을 알고 있습니다. 그리고 거절이 가능한 요청이 직장에서 얼마나 중요한지도 알게 되었습니다. 이후 회의 시간의 제 고민은 다음과 같은 방식의 요청으로 많이 해결되었습니다.

'여러분, 저는 자유롭고 편안하게 소통하고 싶습니다. 그런데 우리가 회의를 할 때 어떤 사람은 말을 하고, 어떤 사람은 한마디도 안 하는 걸 여러 차례 봤어요. 그리고 말을 하는 사람도 제가 말을 해보라고 할 때에만 하는 걸 봤어요. 저는 우리가 서로 자유롭게 대화하는 팀을 만들고 싶습니다. 그게 우리가 하고자 하는 일을 잘할 수 있는 데 중요하기 때문입니다.

어떻게 하면 그럴 수 있을지 방법과 구체적인 행동에 대해 나누고 싶어요. 그 방법의 하나로 제안하고 싶은 것은 돌아가면서 자신의 생각을 지금 말해보면 좋겠는데 어떤가요?'"

조직 내의 침묵 현상은 어느 한쪽만의 책임이 아닙니다. 직위가 올라갈수록 부하 직원은 상사에게 피드백을 주기가 두려워서 꺼려하게 되고, 상사는 자신의 모습에 대해서 기꺼이 들어 보려고 하지 않기 때문입니다. 양쪽의 이런 반응들이 맞물리면서 조직에서는 서로 열린 소통이 무너지고, 정서적인 방어의 벽이 높아지게 됩니다.

이런 침묵 현상은 조직 내에 많은 고통을 야기합니다. 협업과 성장을 가로막고, 단절과 무기력을 만들어 내기 때문입니다. 침묵 현상을 깨기 위해서 리더는 동료나 부하 직원의 거절을 잘 들어 볼 필요가 있습니다. 거절을 듣더라도 자신의 마음이 괜찮을 수 있는 요청을 분명히 알아야 하고, 요청과 지시를 구별하여 소통할 필요가 있습니다. 그래야 부하 직원들과 혼란스럽지 않고 명료하게 대화할 수 있게 됩니다.

요청의 이유를 명료하게 이해할 필요가 있습니다

일상생활을 하면서 어떤 요청이 어려우셨나요? 교육 시간에 이 질문을 던지면 매우 다양한 의견들을 들을 수 있습니다.

> "거래처에 환불이나 반품을 해 달라는 말을 못해요."
> "부하 직원에게 퇴근길에 같이 저녁 먹자는 말을 잘 못해요."
> "구내식당에서 양념 게장이 맛있었는데 더 달란 말을 못했어요."
> "외식하고 나서 아내가 계산서를 가져오라고 할 때마다 직원한테 그 얘길 못하겠어요."
> "저는 당연히 해야 한다고 생각하는 일들은 요청하지 않아요, 구차스러워서."
> "저는 워킹 맘인데 주말에 시어머님께 아이 봐 달라는 요청을 드리기가 너무 어려워요."
> "저를 건너뛰고 상사가 제 부하 직원에게 뭔가 말했는데 어떤 내용인지 묻지 못했어요."
> "상사에게 방금 한 이야기를 다시 해 달라고 물어보기가 어려워서 알아들은 척해요."

요청을 잘하며 살아가는 것은 말하는 사람이나 듣는 사람 모두가 바라는 일입니다. 왜냐하면 우리가 잘 말할 수 있고, 상대가 우리의 요청을 잘 이해하고 듣게 되면 대부분의 일들이 이루어지기 때문입니다. 애플의 스티브 잡스는 살아생전에 가진 동영상 인터뷰를 통해 이렇게 말했습니다. "살면서 내가 요청한 것들은 예외 없이 전부 상대가 도와주었다"라고요.

우리는 요청하지 않는 대신 알아서 해 주기를 기대합니다. 더 나아가 마땅히 상대가 해야 한다고 생각합니다. 이렇게 생각하게 될수록 우리는 감정이 상하게 됩니다. 그 결과 상대와 폭력적으로 대화하며 관계를 맺게 됩니다.

상대에게 원하는 것을 요청하기 전에 우리는 한 가지를 다시 상기할 필요가 있습니다. 조직에서, 가정에서, 사회적 관계에서 가장 폭력적인 말은 "나를 이만큼 안다면 내가 뭘 원하는지, 이 정도는 알아서 해 줘야 하는 거 아냐?", "하나를 말하면 열을 알아야지", "눈치껏 센스 있게 행동해야지"라는 말입니다. 그러나 우리가 원하는 것을 이야기하면 상대는 자신이 해 줄 수 있는 최선을 다하게 됩니다. Chapter 3의 'Power 2 무언가 주려는 힘-기여'에서 살펴본 힘이 우리 모두의 타고난 본성이기 때문입니다. 그 힘을 믿어 보세요.

요청에 대해 교육을 진행하면서 저는 몇 가지 통찰을 얻을 수 있었습니다.

1. 사람들은 모두 자발적인 조건 아래에서는 자신의 것을 나누어 주고 싶어 합니다.

2. 자신이 원하는 것을 상대에게 구체적으로 말해 주는 것은 선물입니다.

3. 원하는 것이 정확하면 다양한 방법으로 그것을 채워 갈 수 있게 됩니다.

4. 리더가 그것을 표현할 때 팀원들은 창의적인 제안을 할 수 있게 됩니다.

원하는 이유를 말하는 것은 서로에게 선물입니다

누군가 우리에게 다가와서 말을 합니다. 뭔가 원하는 게 있어서 말을 꺼낸 것 같은데 모호하게 말하거나 돌려서 말하면, 혹은 침묵하고 있으면 어떨까요?

우리는 매우 혼란스럽거나 짜증이 나거나 상대의 눈치를 보느라 많은 시간을 낭비하게 될 수 있습니다. 그 누군가가 직장 상사라면 눈치를 보느라 온통 신경을 쓰겠지요. 그 누군가가 사랑하는 자녀나 배우자라면 화를 내며 싸울지 모릅니다. 그 누군가가 친구라면 짜증나서 안 만나고 싶어질지 모릅니다. 우리는 돌아서며 속으로 이렇게 생각할 수도 있습니다. '저 사람은 속을 알 수 없어. 믿을 수도 없고. 도대체 왜 말을 안 해? 정확히 하지'라고요.

우리의 이런 경험들을 떠올려 보면, 서로가 자신의 필요 사항을 구체적으로 말해 주는 것이 왜 선물인지 알기란 어렵지 않습니다. 이제 우리에게 필요한 연습은 두 가지입니다. 첫째로, 요청하기 위한 용기를 가지는 것입니다. 둘째로, 우리가 원하는 것을 이루기 위한 가능성을 높이기 위해 요청하기 위한 대화의 기술을 연습하는 것입니다.

창의적이고 다양한 협력을 이끌기(Influence of Core-Needs I) : 요청

1. 왜 – 요청하기 전에 **핵심 욕구** 설명
예)
핵심 욕구-서로에 대한 발견과 친밀감, 효율성, 성장, 공동체
"나는 우리가 좀 더 서로 알아가고 친밀해져서 효율적으로 일하고 같이 성장해
나가면 좋겠어."

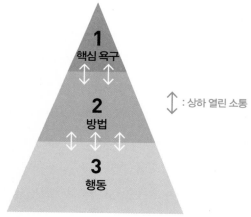

↑ : 상하 열린 소통

2. 어떻게 – 다양하고 창의적 **방법**들 탐색
"그래서 팀워크 교육을 이번에 우리 팀에서 2조로 나눠서 교대로 5회 정도 받으
면 어떨까?"
팀원1-"저는 그것보다 회사 내 캠페인 활동을 하면 좋겠는데요."
팀원2-"저는 그것보단 회식을 좀 더 자주 하면 좋겠어요."
팀원3-"저는 우리가 한 달에 두 번씩은 같이 산에 등산을 가면 좋겠어요. 끝나고
볼링도 치구요."
→ 함께 도출한 **방법**-"교육을 세 번 받고 평소에 캠페인 활동 내용을 책상에 붙
여놓고 매일 옆 사람과 확인하자. 그리고 격월로 번갈아가면서 같이 등산을 하고
같이 식사 하자."

3. 무엇을 – 명료하고 구체적인 **행동** 선택

팀원1-교육 강사 섭외
팀원2-교육 내용과 교육에 관련된 지원 사항 체크
팀원3-등산할 산과 음식점을 선택하고 예약하고 확인

명료한 요청을 위한 절차

1. 내가 원하는 핵심 욕구를 표현하기

2. 구체적이고 실현 가능한지 살피기

3. 긍정적인 표현인지 생각하기

4. 의문형으로 표현하기

5. 내 의견과 다른 제안에 마음이 열려 있는지 스스로 물어보기

6. 이제 말하기

대화 연습

• 제가 연습할 때 도움이 되었던 방식을 제안합니다.

1. "이 사람은 도울 수 있다면 꼭 날 도울 거야"라는 말을 믿어 봅니다.

2. 정서적으로 가장 먼 관계의 사람에게 시작해 봅니다.

3. 거절을 들어도 괜찮을 만한 요청으로 시작합니다.

• 직장이 아닌 개인적인 관계에서 먼저 연습해 보세요.

1. 요청하고 싶어지면 피하지 말고, 멈추고 생각해 보세요.

2. 거절을 들어도 괜찮을 만한 요청을 생각해 보세요.

3. 요청의 기술에 맞게 정리해 보세요.

4. 가서 말하세요.

예)

1. 집 앞에 세워 둔 차 앞 유리에 눈이 묻어서 얼어 버렸다.

2. 경비원 아저씨에게 도와달라고 말하고 싶다.

3. 요청의 기술에 따른다.

① 핵심 욕구는 이해와 협조, 도움이다.

② 경비실에 따뜻한 물이 있고, 큰 주전자가 있기 때문에 구체적이고 실
   현 가능하다.

③ 거절당하면 잠시 시동을 켜고 차 온도를 높이면 된다.

④ 말한다.

"아저씨, 제가 지금 도움이 필요해요. 시간에 맞춰서 일터에 가고 싶은데
경비실에 있는 주전자에 따뜻한 물을 담아서 지금 제 차 앞 유리에 부어
주실 수 있을까요? 어떠세요?"

• 이런 절차대로 하는 연습이 익숙해지면 요청의 의도를 스스로 확인한 뒤
  차차 간략하고 자연스럽게 바꾸어 봅니다.

→ "아저씨, 제가 도움이 필요한데 제 차 앞 유리에 따뜻한 물을 부어 주
  실 수 있을까요?"

• 다음의 예는 적절치 않습니다.

"해 주시면 안 될까요?", "해 주실 수 없겠죠?", "죄송한데요", "어려우시 겠지만"은 부정적인 표현입니다.

→ "해 주시면 어떨까요? 그러면 정말 감사하겠습니다."

"앞으로 매번 유리가 얼면 해 주세요"는 실현 불가능한 부탁이고 명령 조입니다.

→ "지금 따뜻한 물을 두 번 정도 부어 주실 수 있을까요?"

의사결정권자로서 명료하고
부드럽게 지시하는 방법

"저는 정말 몰랐습니다. 교육 시간에 박 과장이 제 말에 대해 그렇게 고민했다는 것을 처음 알았어요. 저희는 팀워크가 좋은 편입니다. 그리고 저는 팀원들과 소통 능력이 꽤 좋은 편이라고 확신하고 있었거든요. 그 말을 그렇게 고민했다니, 한편으로 웃음도 나고 답답하기도 합니다.

제가 박 과장에게 '이 보고서 어떻게 한 거야?'라고 말을 했을 때 저는 정말 잘했다고 생각하고 물은 거였어요. 요청이나 지시나 강요를 다 떠나서 그냥 물은 거였어요. 그런데 답을 안 하고 우물쭈물하더군요. 그래서 전 속으로 '얘가 왜 이래?' 하고 생각하고 다시 조금 더 큰 소리로 물었어요. 그땐 지시였던 것 같아요.

'박 과장, 이 보고서 어떻게 만든 거냐고!'

제 말이 그렇게 혼란스러운 말이었는지에 대해선 교육을 들으면서 처음 생각해 봤습니다. '내가 팀원들에게 말을 할 때 요청과 지시를 구분했던가?' 하고 떠올려 보자 별로 그런 적이 없더군요. 팀원들에게 거절을 들은 적이 거의 없었기 때문에 신경 안 썼어요. 그런데 과거에 상사가 제게 그랬을 때를 생각해 보면 거의 강요로 들렸던 것 같습니다. 저는 제 말이 팀원들에게 강요로 들리지 않길 바라요. 대부분은요. 그리고 거절해도 되는 말들도 있었어요. 예를 들면, '오늘 회식할래?' 이런 말들이죠. 저는 그냥 가볍게 물어본 건데 팀원들 입장에선 거절하기 쉽지 않겠다는 생각을 하게 되었습니다. 그래서 요청과 지시를 구별해서 말하기를 연습했습니다. 또 말하기 전에 강요가 아닌지 스스로 묻기 시작했고요. 무엇보다 조직에는 위계질서가 있고 의사 결정의 책임이 있는 역할이 정해져 있기 때문에, 어떤 일을 제가 결정할 때는 직원들이 알아들을 수 있도록 명확하고 구체적으로 지시하기 시작했습니다. 정말 직원들의 업무 능력이나 결과가 좋아지고 있습니다."

조직에는 공동의 규칙과 역할, 위계질서가 자리하고 있습니다. 그리고 개개인은 그 규칙과 질서를 수용하고 따를 책임이 있습니다. 여기서 우리는 팀을 만들고, 개개인에게 역할을 수행할 수 있도록 권위와 자리를 내어 줍니다. 비단 조직에서만이 아니라 어느 모임이나 가정, 학교에서도 마찬가지입니다.

그래서 종종 의사결정권자는 어떤 목표를 이루어 갈 때 다양한 수단과 방법을 열어 놓은 요청을 할지, 아니면 특정 방법을 결정하고 할 일을 구체적으로 말하는 지시를 할지에 대해 스스로 정하고 팀원들에게 말을 해 줄 필요가 있습니다. 요청과 지시의 정의를 내려 보면 다음과 같습니다.

1. 의사결정권자가 다양한 방법의 가능성을 염두에 둔 열린 대화에 서는 요청이다.
2. 의사결정권자가 책임을 지고 수단과 방법을 정한 후 구체적 행동을 유도할 때는 부드러운 지시이다.

진심으로 동의할 수 있는 지시야말로 리더십의 진수입니다

많은 사람들은 요청과 지시의 차이가 '질서나 직급의 역할에 대해 동의'하는 척도에 따른 것이라고 생각합니다. 그리고 많은 리더들은 그 동의가 지위에 따라 당연히 주어지는 것이라고 오해합니다. 저는 이렇게 질문을 합니다.

"상사가 하는 지시를 다 기꺼이 따르십니까?"

"거의 하긴 하죠. 그런데 대부분 억지로 할 때가 많지요."

"왜 그렇지요? 동의하시는데도요?"

"그 사람은 상사이긴 해도 자질이 없어요. 안 하면 불이익을 당하게 하거든요."

그렇습니다. 동의하긴 하지만 그것은 역할에 따른 수동적인 동의일 뿐입니다. 그래서 리더는 부하 직원들에게 지시를 할 때 그들이 수용할 수 있도록 말해야 하는 책임이 있습니다. 그래서 알게 되었습니다. 조직에서 리더가 팀원들에게 지시를 할 때 중요한 것은 '역할에 따른 동의', 즉 '위계적 동의'가 아니라 '정서적인 동의'라는 사실을 말입니다. 결국 지시는, 얼마나 정서적인 동의를 상대로부터 얻느냐에 따라 일의 결과도 달라집니다.

저는 다시 질문합니다.

"책임감과 진정성이 있다고 여겨지는 리더가 지시를 하면 어떻습니까?"

"무조건 기분 좋게 따르지요!"

"그땐 어떤 힘으로 따릅니까?"

"즐겁게 할 수 있는 힘이죠. 기꺼이 도와야죠!"

바로 이것이 지시의 진정한 힘입니다. 상대가 진심으로 기꺼이 동의할 수 있도록 지시하는 수준이 리더십의 '열매'라고 생각합니다.

정서적 동의에 기반한 지시는 자율성과 책임을 회복시킵니다

만일 우리가 너무 싫어하는 상사가 오늘 남아서 야근을 하자고 하면 어떨까요? 아마도 싫어도 억지로 남아 시키는 일만 하고 어떻게든 빨리 퇴근할 눈치를 보거나, 대강 일하면서 시간을 끌며 야근을 했다는 것에 의미를 둘지 모릅니다.

그런데 만일 우리가 존경하고 신뢰하는 상사가 "우리가 처리해야 하는 일을 잘하려면 여러분의 협조와 협력이 필요해. 시간이 얼마 없기 때문에 오늘 남아서 야근을 해야겠어. 김 대리는 수정할 자료를 다시 만들어 보고, 양 대리는 자료에 넣을 근거를 찾아봐"라고 한다면 어떨까요? 아마도 피곤하더라도 이왕 하는 거 자신들에게 명확하게 지시하는 리더의 의견에 대해서 더 잘하고 싶은 마음으로 집중할지 모릅니다. 심지어 다 못한 일을 집에 가지고 가서 해 오려고 할지도 모릅니다.

우리가 만일 부모로서 아이들에게 지시를 했다고 생각해 봅시다. 아이들이 스스로 '내 방 정리는 내가 하는 것이다'라고 생각하고 동의했다면, 그리고 "네 방이 좀 청소되면 좋겠어. 식사 시간 전까지 10분간 청소하고 나와서 밥 먹어라"고 한다면 이때 아이는 자기가 생각하는 범위 내에서 자기 방을 청소하고 나올 가능성이 큽니다. 그런데 부모가 자기 방 정리도 잘 하지 않으면서 지시만 한다면 아이는 정서적으로 동의하지 못하기 때문에 "엄마, 아빠는 하지도 않으면서"라고 말하면서 이렇게 물을 가능성이 큽니다.

"내 방 어디? 어떻게 하라는 거야?"

그래서 정서적으로 서로 동의하는 척도에 따라 지시의 내용이 조직이나 공동체에서 자율적이거나 스스로 책임감을 느끼게 할 수도 있고, 그 결과도 매우 달라질 수 있습니다. 결국 지시의 목적은 팀원들이 의무감으로 하는 일들을 자발적으로 선택해서 할 수 있는 일들로 만들어 주는 것입니다.

공동의 규칙과 정서적 동의에 따른 명확한 소통(Influence of Core-Needs II) : 지시

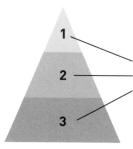

지시의 단절 사례

"팀장님께서 다음 주까지 발표 보고 자료 다시 만들어 오라셔."
"왜 일을 해야 합니까?"
1. 왜 – "나한테 묻지 말고"
2. 어떻게 – "잘"
3. 무엇을 – "알아서 해!"

→ 이런 조직은?
조직의 침묵 현상 활성화, 문제 해결의 비효율성, 위계적이고 수동적인 분위기, 복종, 조직 이탈 형성

↓ : 명확하고 부드러운 지시

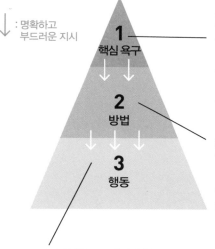

지시의 연결 사례

1. 왜 – 핵심 욕구 설명
"다음 주에 거래처가서 발표할 때, 명료하고 효율적으로 전달하길 원해서.
나는 우리가 같이 준비한 것을 마무리까지 잘 진행해서 성취도 하고 우리 팀이 인정도 받으면 좋겠다."

2. 어떻게 – 명확한 방법 제시
"그래서 이번 보고 자료 김대리가 수정할 필요가 있어.
이번 주 금요일 오전까지 수정해오면 내가 다시 살펴보고 오후에 피드백 줄게."

3. 무엇을 – 구체적인 행동 제시
"페이지 수를 세 장 정도는 줄여봐. 그리고 그림을 넣고 경쟁사와 비교하는 부분 다 빼고, 우리 제품이 좋은 이유를 좀 더 정리해서 넣어봐. 도움이 필요하면 지난 번 양 대리가 해 봤으니까 둘이 같이 해. 내가 지시했다고 말하고."

→ 이런 조직은?
선택적이고 자발적인 힘으로 움직임, 자신의 일에 대해 자부심을 가짐, 리더에 대한 존중과 존경이 형성

오 팀장이 박 과장에게 지시합니다.

"박 과장, 이 보고서 어떻게 한 거야? 말해 봐."

오 팀장이 이 말을 웃으면서 했다고 해 볼까요? 박 과장은 예측할 수 있습니다. '맘에 드는군'이라고요. 그래서 편안히 설명할 수 있게 됩니다. 한편 오 팀장이 이 말을 인상을 찡그리면서 했다고 해 볼까요? 박 과장은 예측할 수 있습니다. 곧 '맘에 들지 않았군. 뭐가 문제지?'라고 하며 고민에 빠집니다. 이 말을 문자나 이메일로 받았다고 해 볼까요? 박 과장은 혼란에 빠집니다. '잘했다는 건지, 맘에 안 든다는 건지, 다시 하라는 건지, 어쩌라는 건지.' 당연히 고민이 해결될 때까지 일에 집중하기 어려워집니다.

명료한 지시는 리더십을 잘 발현할 수 있는 중요한 수단이 됩니다. 그래서 오 팀장이 박 과장에게 하는 지시는 조금 달라질 필요가 있습니다. 지시의 기술은 다음과 같습니다.

명료한 지시를 위한 절차

1. 위계적 동의가 아니라 정서적 동의를 구하고 있는지 살피기
2. 내가 원하는 핵심 욕구를 표현하기
3. 구체적이고 실현 가능한지 살피기
4. 긍정적인 표현인지 생각하기
5. 이제 말하기

예)

1. 웃으면서 "이 보고서 어떻게 한 거야?"라고 말한 경우

→ "박 과장, 내가 좀 명확하게 이해하고 싶다. 이 보고서가 맘에 드는데 이해가 좀 안 돼. 이 보고서 어떻게 만든 건지 오늘 점심시간 안으로 나한테 와서 설명해 줘."

2. 인상을 찡그리면서 "이 보고서 어떻게 한 거야?"라고 말한 경우

→ "박 과장, 이 보고서를 보니 중간 부분에 작성한 게 걱정되는데, 내가 좀 가르쳐 주고 싶으니 이 부분을 어떻게 한 건지 지금 나한테 5분 정도 설명해 봐. 듣고 나서 내가 고쳐 줄게."

3. 문자나 이메일로 "이 보고서 어떻게 한 거야?"라고 보낸 경우

→ "박 과장, 보고서 봤어. 잘한 것 같은데 이해가 필요해. 내가 내일 상무님께 보고하러 올라갈 때 잘 설명해 드리고 싶으니까 오늘 점심시간까지 이 부분에 대해 설명해서 이메일로 답장을 주기 바라."

부드러운 지시는 팀원들에게 정중한 요청으로 다가갑니다

생각해 봅시다. 만일 우리가 어느 단체나 조직에서 리더의 위치에 있다면 '정서적 동의에 기반한 부드럽고 명확한 지시'를 할 때 조직원들이 그 지시를 심지어 정중한 부탁, 요청으로 듣게 됩니다. 그래서 거절하고 싶은데 말 못하고 움직이는 것이 아니라 기꺼이 하려는 마음으로 움직이게 됩니다.

이런 방식의 지시를 조직에서 적용할 수 있게 되면 사실 지시인지 요청인지가 중요하지 않아집니다. 조직원들이 스스로 움직이며 열정

을 보이기 때문입니다. 조직원들은 누구나 '소명과 기여, 그리고 자율적 욕구'를 지닌 존재입니다. 그래서 조직에서는 지시가 점차 줄어들고 요청이 늘어나게 됩니다. 다시 말하면, 리더가 혼자 책임을 지는 시스템에서 공동으로 책임을 나누는 시스템으로 가게 됩니다.(요청과 지시와 관련된 '거절'에 대해 알고 싶으시면 Chapter7의 'Expression 7 거절하고 싶을 때 서로를 보호하며 말하는 방법'을 참조하십시오.)

모두에게 비참하고 성장이 없는 '강요'

저는 요청을 연습하면서 제가 그동안 요청보다 강요하는 것에 많이 노출되어 왔다는 사실을 알게 되었습니다. 또한 많은 사람들이 요청이나 부드러운 지시보다 강요하는 것에 익숙해져 있는 모습도 목격할 수 있었습니다.

강요는 우리 모두에게 비극적입니다. 우리 자신이 뭘 원하는지 모릅니다. 상대의 마음을 헤아리지 않습니다. 해야 하는 일과 의무감만 가득합니다. 하면서도 기쁨이 없습니다. 시키는 것 외에는 하지 않습니다. 배움과 성장이 없습니다. 그래서 강요는 우리 삶에 전혀 필요치 않습니다.

강요는 죄책감, 수치심, 두려움을 이용합니다

제가 요청을 하나 드리겠습니다. 제가 말하고 있다고 생각하시면서 읽어 봐 주세요. 그리고 "아니요"라고 거절하시면 됩니다.

"여러분, 오늘 저한테 식사를 사 주실 수 있을까요?"

"아니요."

제 말이 요청으로 들리셨나요? 이제 저의 반응을 보시지요.

1. 첫 번째 반응-죄책감

"아니, 밥도 못 사 줘요? 비싼 거 사 달라는 것도 아닌데, 너무하시네요."

저는 지금 여러분의 마음에 죄책감을 심어 주며 강요하고 있습니다.

2. 두 번째 반응-수치심

"여러분이 그렇게 냉정하시니 사람들이 싫어하는 겁니다."

저는 지금 여러분의 마음에 수치심을 심어 주며 강요하고 있습니다.

3. 세 번째 반응-두려움

"좋아요. 어디 두고 보시죠. 여러분도 살다 보면 힘들 때가 올 겁니다!"

저는 지금 여러분의 마음에 두려움을 심어 주며 강요하고 있습니다.

요청과 강요는 말의 내용만으로는 구별되지 않습니다. 말은 요청의 형식을 띠고 있지만 의도가 강요에 가까운 경우가 많습니다. 그래서 우리는 강요를 하면서도 대부분 자신이 요청을 하고 있다고 생각합니다.

심리적 조종과 집착은 삶의 주인으로서 가치를 잃게 합니다

생각해 봅시다. 누군가가 여러분의 요청을 거절했을 때 상대에게 죄책감, 수치심, 두려움을 심어 주려 하진 않으셨나요? 저는 특히 저보다 힘이 없는 대상들에게 많이 강요했습니다. 사랑하는 자녀, 나약해진 상황에서의 부모님, 서비스를 제공하는 분들에게 말이지요. 그리고 다른 곳, 다른 상황에서 입장이 바뀌면 제가 당함으로써 그 대가를 고스란히 치렀습니다. 폭력적인 강요는 순환되기 때문입니다. 요청만으로도 삶을 풍요롭게 살아갈 수 있다는 것을 경험하기 전까지 저는 그러한 태도를 고칠 수가 없었습니다. 너무나 익숙하게 스며들어 버렸기 때문입니다.

집착이 무엇입니까? 집착이란 특정 대상이 반드시 내가 원하는 것을 해 주어야 된다고 믿을 때 생기는 고통입니다. 그리고 집착할수록 우리는 내 삶의 주인으로서의 가치를 상실하게 됩니다. 왜냐하면 상대가 무언가 해 주어야만 살아갈 수 있게 되기 때문입니다.

대화 연습

1. 내 요청을 거절했던 가까운 사람을 떠올려 보세요.

2. 그에게 했던 요청을 생각해 보세요.

3. 그가 거절했을 때 내가 그에게 했던 말이나 속으로 생각했던 것을 생각해 보세요.

4. 그것이 강요였는지 요청이었는지 생각해 보세요.

5. 강요하지 않고도 해결할 수 있는 다른 대안을 떠올려 보세요.

6. 다음엔 그렇게 해 보세요.

사과하고 싶은 마음이 들 때
말하는 방법

"제 나이 50이 다 되어서 회사에서나 가정에서 진심으로 사과한다는 것이 얼마나 힘든지 모르겠습니다. 대부분 제가 미안하다고 말한 이유는 사실 상황을 빨리 모면하고 싶었기 때문입니다. 또 정말 미안한 마음이 들 땐 미안하다는 말을 하기가 더 힘들었습니다. 자꾸만 내 입장에 대해 합리화하고 숨고 싶어져서 용기 있게 진심으로 미안하다고 말하는 것이 정말 어려웠습니다.

교육을 받기 전에 저희 팀에서 있었던 한 사건을 통해 배울 수 있었던 사례를 나눕니다. 저는 팀원들에게 한 가지 제안을 하고 지시를 했습니다.

'우리 이제 이면지 씁시다. 회사 자원을 아끼는 것이 중요합니다.'

모든 팀원들은 그 후에 이면지를 쓰기 시작했습니다. 그 모습을 본 저는 꽤 뿌듯했습니다.

그러던 어느 날 아들이 이메일을 보내 왔습니다. '아빠, 집에 컬러 프린터가 안 돼. 내일 발표인데 이 자료 좀 컬러로 뽑아서 갖고 와 주세요'라고 적혀 있었습니다. 저는 아들의 이메일을 보고 '한 번뿐이니 괜찮겠지' 하는 마음으로 사무실에서 인쇄를 하고 있었습니다. 그런데 그 모습을 팀원들이 점심을 먹고 들어오다가 단체로 본 것입니다. 모른 척 지나간 것 같았지만 뭔가 찜찜하고 부끄러웠습니다. 하지만 '뭘 그런 걸 다시 쪼잔하게 이야기하나' 하는 생각에 아무 말도 하지 않았습니다.

그런데 익명으로 리더십 조사를 할 때 그 이야기가 나온 것을 보고 무척 놀랐습니다. 매우 사소한 이슈가 저의 리더십에 큰 영향을 주고 있다는 사실을 발견하고는, 그때 바로 제 실수에 대해 인정하고 말하지 않은 것을 후회했습니다. 그런데 다시 돌아간다 해도 뭐라고 사과하는 것이 좋을지 잘 모르겠어서 혼란스러웠습니다. 또한 조직에서 미안하다는 말은 책임과 직결되므로 가정과 다르다고 생각했습니다. 미안하다고 말하는 동시에 내가 책임지겠다는 말이 되어서 더 어렵게 느껴졌거든요.

그런데 가만히 생각해 보니 직장이든 가정이든 어떤 관계든 미안하다는 말을 하게 되면 책임을 갖게 되고, 그것이 진정성 있는 사과라는 생각을 하게 되었습니다. 그때 책임이 좀 가벼워지고 상대가 덜어가 주기도 하더군요. 미안할 땐 미안하다고 진심으로 사과하는 연습을 해 봐야겠습니다."

리더로서 진정성을 회복하는 힘

석 팀장의 이야기를 들으면서 생각해 봅시다. 왜 조직에선 미안하다는 말을 하기가 더 어려울까요? '실수하면 안 된다', '완벽해야 한다'는 생각이 리더들의 마음에 꽉 차 있기 때문입니다. 하지만 리더도 실수할 수 있습니다. 실수를 인정하는 것이 진짜 멋진 자존심을 지닌 사람입니다.

리더십에서 제일 중요한 요소는 '진정성'입니다. 말과 행동이 일치하는 리더를 모두 사랑하고 따르기 마련입니다. 하지만 말과 행동이 한 차례의 실수도 없이 일치해야만 성공적인 리더십은 아닙니다. 또 자신의 실수를 인정하지 못하는 리더는 결코 부하 직원의 실수도 인정해 주지 못합니다. 실수를 인정하고 고백하고 후회한다고 말할 수 있는 리더가 진정한 리더입니다.

석 팀장은 자신의 과오에 대해 교육 현장에서 이렇게 말했습니다. 자신의 팀원들 앞에서 말이지요.

> "나는 예전에 여러분에게 이면지를 쓰자고 말하고 나서 제 자녀의 숙제를 컬러 프린터로 사무실에서 뽑았습니다. 그리고 그 점을 지금 매우 후회합니다. 왜냐하면 제가 한 말과 행동이 일치되는 것이 저에게도 매우 중요한 가치이기 때문입니다. 여러분이 이면지를 써 주는 노력을 잘 알고 있었기 때문에 무척 고마웠는데 잘 표현하지 못했습니다. 또 저는 제 아들을 돕겠다는 생각에 급해 제게 중요한 가치를 지키지 못했습니다. 그 점을 진심으로 사과하고 싶습니

145

다. 다시 돌아간다면 번거롭더라도 집에 가는 길에 잉크를 사 가지고 가서 아들을 돕고 싶습니다."

석 팀장의 말을 들은 부하 직원들은 "누구나 실수할 수 있지요"라고 하며 충분히 이해된다고 말했습니다. 또한 말과 행동이 일치되었던 석 팀장에 대한 많은 기억들에 대해서 들려주기도 했습니다. 진정성이 다시 회복되는 순간은 리더가 자신의 실수에 대해 책임을 지고 후회하는 마음을 진심으로 고백할 때 찾아옵니다.

'자기기만의 덫'에서 빠져나올 때 사과할 수 있습니다

많은 리더들은 알고 있습니다. 조직 생활 중에서 보이는 자신의 행동 중 어떤 선택이 자신의 가치에 부합하는지와 자신과 동료 모두를 살필 수 있는 선택인지에 대해서 말입니다. 그러나 막상 바쁜 일상으로 돌아가면 종종 자기 생각을 내세워 합리화하며 자기 행동에 대해 고찰하지 않게 됩니다. 그리고 후회하는 행동을 하게 됩니다. 그땐 이렇게 생각하며 합리화하곤 합니다.

'나만 이러는 건 아니잖아.'
'다 이 상황에선 이럴 수 있어.'
'이번 한 번인데 뭘.'
'사람들이 비협조적이라서 내가 이러는 거야.'

이런 구조가 바로 우리가 흔히 빠지는 '자기기만의 덫'입니다. 자기기만적인 행위를 알아차리고 진심으로 후회할 수 있는 능력이 리더십에서 매우 중요함을 깨닫게 됩니다. 이것은 조직에서뿐만이 아니라 삶을 살아가면서도 그렇습니다. 만약 자녀와의 약속을 잊었다면 "엄마, 아빠가 바빠서 그래"하며 합리화하는 대신에 "정말 미안해. 너한테 소중한 시간이었을 텐데 엄마, 아빠가 잊고 있었어. 너한테 소중한 건 엄마, 아빠한테도 소중한 건데 잊고 있었다는 걸 엄마, 아빠는 후회해"라고 말하는 것이 진정성 있는 모습이 회복되는 과정임을 깨닫습니다.

'자기 평가'로부터 배우는 과정은 솔직하고 강합니다

우리 모두에게는 '양심'이 있습니다. 우리에게 윤리적으로 옳은 것을 알려 주는 목소리입니다. 우리가 어떤 일을 후회하는 것은 '상대의 입장도 생각했어야지'라는 가르침입니다. 우리는 우리 안의 양심으로부터 배울 수 있습니다. 그 목소리 안에는 우리가 현재 후회하는 이유인 핵심 욕구가 숨겨져 있기 때문입니다. '아, 내가 상대를 배려하고 싶구나'라는 식으로 말입니다.

만일 우리의 양심이 하는 말을 상대가 우리에게 한다면 어떨까요? "네, 당신은 상대의 입장도 생각하셨어야 했어요"라고 한다면 아마 우리는 저항감이 확 올라오면서 "그러는 당신은 늘 상대의 입장을 생각하시나요?"라고 공격하고 싶을지 모릅니다. 그래서 누군가로부터 피드백을 받아 배우는 것 이상으로 우리는 우리 자신의 양심으로부터 배울 수 있습니다. 우리의 양심을 민감하게 열어 놓고 살아가는 것은 그래서 무척 중요합니다.

'미안하다' 대신 사용할 수 있는 표현들이 많이 있습니다

저는 고귀하고 아름다운 '미안하다'라는 말이 본래 의미가 오염되었다고 생각합니다. 진심이 아닐 때에도 할 수 있고, 너무나 잦은 빈도로 상황이나 문제를 해결하기 위해서나 상대의 행동을 조종하기 위해서 사용되기 때문입니다. 그래서 '미안하다'라는 말의 또 다른 표현들을 생각해 보았습니다.

> "상처를 남겨 가슴이 아프다."
> "내 행동이 가슴 깊이 후회된다."
> "책임감이 들어 마음이 무겁다."
> "내 행동을 돌아보면 스스로 실망스럽다."

다른 말들로도 그 표현이 가능하다는 것을 알게 되었습니다. 만약 상대가 사과의 말을 듣고도 눈물을 흘린다면 "미안해, 미안하다고! 몇 번을 사과했니? 미안하다고 했잖아. 미안하다고 했으니 그만해." 하고 화를 내거나 억울해하기 이전에 자신이 "미안하다"고 했던 그 마음의 의도를 살펴볼 필요가 있습니다. 진심이 아닌 말은 듣는 이의 마음에 더 깊은 상처를 내고 말지요.

미안하다면 후회되는 자기 행동에 대해 솔직히 고백할 필요가 있습니다. 또한 그 이슈에 대한 대화의 종결은 말하는 사람의 몫이 아니라 듣는 이의 몫이요 선택이 될 필요가 있습니다. 그 과정을 끝으로 우리는 성장할 수 있고, 상대는 삶을 회복할 수 있습니다. 동료에게도, 부하 직원에게도, 상사에게도, 배우자에게도, 아이에게도, 그 누구라 하더라도 사과의 마음이 진심이라면 꼭 전달될 것입니다.

대화 연습

• 연습의 대상은 상사, 동료, 부하 직원이 될 수 있습니다.

1. 사과하고 싶은 사건을 떠올리고 말해 보세요.

2. 양심의 목소리 잘 들어 보세요.

3. 후회되는 이유를 찾아보세요. 자기 행동을 생각할 때 현재 채워지지 못하는 핵심 욕구가 무엇인지 생각해 보세요.

4. 자기 비난에서 빠져나오세요. 자기 행동에 대해 슬픔을 느껴 보세요.

5. 그 행동을 했던 이유를 생각해 보세요. 그 당시 나에게 중요했던 핵심 욕구를 떠올려 보세요.

6. 상대에게 후회되는 것(3번 - 후회되는 이유)을 표현해 보세요.
5번(왜 그랬었는지 설명)을 오래 하면 상대에겐 변명처럼 들릴 수 있습니다.

7. 상대의 반응을 묻고 가만히 들어 보세요.

예) 박 팀장 이야기-김 과장에게 일 똑바로 하라고 화를 낸 기억

1. 사건-내가 좋게 이야기할 수 있었던 걸 가정사까지 들먹거리며 말했

다. 미안하다.

2. 양심의 목소리

① 상대의 가정에 대해 이야기하는 것은 절대 하지 말았어야지.

② 그 사람이 부하 직원이기 이전에 한 존엄한 인간이라는 것을 잊지 말아야지.

③ 친하다고 해서 함부로 말하면 안 돼. 친할수록 더 조심했었어야지.

3. 후회되는 이유(존중, 배려, 친밀한 관계)-그걸 생각하니 지금도 후회가 되는데, 나는 자기표현을 할 때 김 과장의 입장도 살피면서 말하고 싶었는데 그렇게 하지 못했다. 나는 계속 우리가 한 팀에서 잘 지내기를 바라는데 말이다.

4. 그 생각을 하니 후회되고 마음이 괴롭다.

5. 그 행동을 했던 이유(가르침, 성장에 대한 지원)-나는 김 과장이 일을 잘할 수 있도록 가르치고 싶었던 건데, 그 방법이 잘못되었던 것 같다. 미안하다(핵심 욕구 : 가르침, 성장에 대한 지원).

6. "김 과장, 어제 내가 이야기한 게 많이 후회돼. 김 과장 기분도 고려하고 싶었고, 또 정말 중요한 이야기만 하고 싶었는데 그렇게 하질 못했어. 무엇보다 김 과장을 존중하지 못했어. 우리 관계가 앞으로도 좋길 바라서 어제 내내 마음에 걸렸어. 그래서 후회되고 미안했다."

7. 상대의 이야기를 들어 보자.

Expression 4 ─────────────

상대에게 고마운 마음을
잘 전하는 방법

"여러분은 조직에서 칭찬을 받으면 어떻습니까? 저는 팀장이라 그
런지 상무님께 잘했다는 칭찬을 받으면 뒤통수가 상당히 무거워집
니다. 마음은 무척 부담되고요. 기분이 좋은 건 사실 잠시뿐이고 앞
으로 걱정이 됩니다. 어떻게 더 잘해야 하는지 말이지요."

"저는 사실 칭찬의 말을 믿지 않습니다. 그것은 누구한테나 할 수 있
는 말 아닌가요? 전 심지어 재수 없는 상사한테도 지금 당장 칭찬
해 보라면 10가지는 할 수 있습니다. 저는 부하 직원들이 하는 칭
찬은 그냥 흘려듣습니다. 저한테 잘 보이려고 하는 말들이거든요.
저도 젊을 때 그런 말들을 하면서 컸습니다. 사회생활이 뻔하죠."

"저는 예전 상사가 저한테 칭찬을 하면 바짝 긴장할 수밖에 없었습
니다. 왜냐하면 잠깐의 칭찬 뒤에 구체적인 부정적인 비판, 비난의

말들이 쏟아져 나왔기 때문입니다. 그래서 저는 칭찬할 때면 딱 칭찬만, 비판할 때는 딱 비판만 합니다. 그런데 부하 직원들은 그것도 싫어하더군요. 도대체 어떻게 하라는 말인지 모르겠습니다."

명확한 감사는 서로에 대한 깊은 신뢰로 이어집니다

칭찬은 종종 조종의 의미("참 잘했네. 다음에도 잘 할 수 있지?")와 수직적 평가의 표현("그래 잘했어 칭찬받을 만하군"), 혹은 영혼 없는 형식적 인사("멋지네요. 오늘 좋아보이시네요")거나 상대를 비난하기 이전에 잠시 지나가는 표현("너는 다 좋은데, 이런 것들이 문제야")으로 드러나게 됨을 배우게 되었습니다. 이런 방식의 평가로서의 칭찬 표현은 가정이나 조직에서도 예외일 수 없음을 많이 봅니다.

물론 진정성 있는 말을 들으면 힘이 나고 행복해지는 것이 당연합니다. 긍정적인 언행만큼 누군가의 처진 어깨를 끌어올릴 힘은 없으니까요. 그러나 칭찬에는 평가가 포함되고, 그 말을 하는 사람은 종종 듣는 사람보다 힘 있는 사람이기 쉽습니다. 아무리 칭찬의 말이 아름답더라도 힘은 수직적인 경우가 많습니다. 저는 우리가 누군가를 진정으로 칭찬하고 싶을 때 그 아름답고 소중한 마음이 상대에게 좀 더 잘 전달되도록 표현되기를 바랍니다. 그래서 칭찬의 말을 고맙다는 표현으로 전환해 보았습니다.

"저는 우리 팀 정 대리가 참 예쁩니다. 그래서 종종 그 대리에게 말했습니다.

'정 대리, 정 대리는 참 사람이 괜찮아.'

'정 대리는 상냥해서 우리 팀에 딱이야. 우리 팀 귀염둥이야.'

그런데 이 말이 모두 평가로서의 칭찬임을 알았습니다. 조종하려는 의도는 없었지만, 좀 더 명확하게 정 대리에게 제 고마운 마음을 표현하고 싶었습니다.

'정 대리, 지난번 우리 등반대회 때 정 대리가 우리 팀원들 수만큼 물을 얼려서 갖고 왔잖아. 그때 내가 진짜 감동했어. 우리 팀 전원을 생각하고 돌보려는 마음이 참 고마웠거든. 그때 덕분에 시원하게 잘 마실 수 있었어. 고마워.'

'정 대리, 어제 김 대리 체한 거 보고 약 사 와서 물이랑 주는 걸 내가 우연히 봤어. 나는 우리가 서로서로 챙겨 주는 게 정말 중요하다고 평소에 생각했었거든. 그 모습 보고 참 고맙더라.'"

저는 그 말을 정 대리에게 직접 하도록 안내했습니다.

이와 같은 고맙다는 표현의 연습을 많이 진행해 보았는데 단 한 건의 실패 경험도 없었습니다. 다시 말해 상사와 부하 직원의 관계에서 양쪽 모두 이 경험을 도와드렸을 때 100%의 성공을 보았습니다. 어색하고 두려운 감사는 어느새 진정성 있는 힘을 갖고 전달되었고, 교육 마지막 회 때는 종종 여성과 남성을 구별치 않고 눈물로 마무리할 수 있었습니다.

부하 직원의 고마워 하는 마음을 들은 상사는 진심으로 행복해했고, 상사의 고마운 마음을 안 부하 직원은 뭉클하여 감동이 된다고 했습니다. 서로 더 깊이 이해할 수 있게 되었고 친밀감이 높아질 수 있었습니다. 이런 긍정적인 관계의 경험들은 서로에 대한 깊은 신뢰로 이어지기 때문에 나중에 비판적인 피드백을 주고받을 때 견디는 힘을 줍니다.

1. 칭찬의 진정한 의미는 상대에 대한 고마움입니다.
2. 상대는 나에게 중요한 가치와 욕구를 충족시켜 주었습니다.
3. 나는 그래서 상대에게 고맙습니다.
4. 수평적인 마음으로 함께 기쁨을 나눌 때 진정한 권위가 살아납니다.

민감해지는 노력을 할수록 관계는 단단하게 결속됩니다

고마운 마음을 상대에게 말하는 것은 당연한 것들에 대해 민감하게 생각해 볼 때 가능해진다는 것을 알 수 있습니다.

"저는 영업 5년차입니다. 제 고객들은 워낙 바쁜 분들이라서 저는 주로 오래 기다렸다가 잠시 뵙게 됩니다. 그런데 만나자 마자 '짧게 합시다'라고 말을 하시면 저도 모르게 더 조급해져서 말이 빨라지고 급해졌습니다. 또 제가 준비한 말들을 잘 설명해 내야 한다는 생각에 사로잡혀 바로 본론부터 말하곤 했습니다.

그런데 가만히 민감하게 그분들 입장에서 생각해 보니, 정말 그 짧은 시간이라도 내어 주시는 게 고마웠습니다. 그래서 그 후 지금까지 하지 않았던 말로 대화를 시작했습니다. '선생님, 우선 저에게 소중한 시간을 내어 주셔서 고맙습니다. 짧은 시간이 선생님께 의미가 있도록 하겠습니다'라고요. 그때 저의 짧은 시간은 꽤 길어질 수 있었습니다."

이러한 민감성은 훈련으로 가능해집니다. 매일 아침, 점심, 저녁마다 한 번씩 연습하는 것입니다. 예를 들어 식사를 할 때라면 이런 방식이 됩니다. "이것도 없어 못 먹는 사람도 있는데 나는 참 고마운 거지. 난 저 사람과 비교하면 행복한 거야"라는 방식이 아니라 "나에게 이런 걸 먹을 수 있는 조건들이 없었다면 어땠을까? 소화시킬 수 있는 몸, 사 먹을 수 있는 이 정도의 여유, 함께 먹을 수 있는 사람들, 때로 혼자 먹을 수 있는 여유, 음식이 여기까지 올 동안 노력해 준 농부, 어부, 운송 등과 관련된 모든 분들 말이야"라고 말하는 것입니다.

당연한 것들을 당연하게 여기지 않고 민감하게 반응하는 연습을 삶에 적용한다면 우리의 삶이 얼마나 달라질까요?

부하 직원의 노력을 조직에 기여하려는 마음으로 바라보면 고맙게 생각할 수 있고, 상사의 실수를 한 인간으로서 바라보게 되면 우리 안에 여유와 친근함이 생겨서 고맙게 여길 수 있습니다. 또한 결과가 좋을 때는 그 과정의 노력들이 얼마나 성실했는지에 대한 신뢰와 협력이 떠올라 고마울 수 있습니다.

대화 연습

• 상사, 동료, 부하 직원과 나눌 때 성공 확률 100%가 되는 연습입니다.

1. 우리 팀에서 내가 칭찬한 대상을 떠올리고 적어 보세요.

2. 그 대상이 나에게 기여해 준 행동을 구체적 관찰로 표현해 보세요.

3. 그 행동이 나의 어떤 가치, 욕구를 만족시켜 주었는지 찾아보세요.

4. 그 생각을 할 땐 내 기분이 어떤지 감정을 느껴 보세요.

5. 그 마음을 내용을 강하게 담아서 세 번 표현해 보세요.

6. 상대의 반응을 가만히 들어 보세요.

예) 조 대리가 김 상무에게

1. 우리 상무님은 리더십이 훌륭한 분이시다.

2. 다 같이 모인 자리에서 하시는 말씀을 들었다.

3. 상무님 덕분에 나의 중요한 가치이자 핵심 욕구인 '신뢰', '협력', '정
   서적인 안정', '소속감'이 채워질 수 있었다.

4. 나는 정말 고맙고 뿌듯하고 뭉클하다.

5. "상무님, 드릴 말씀이 있습니다. 지난번 저희 회의 자리에서 상무님
   이 '우리 회사가 지금 어려운 것이 맞다. 그런데 지금까지 쉬운 길로
   만 오지 않았다. 앞으로도 그럴 것이고, 지금도 그렇다. 지금까지 오
   면서 힘들 때마다 우리 서로 힘을 합쳐서 이겨 냈다. 지금도 그럴 것
   이고, 앞으로도 그럴 것이다. 그러니 같이 해 보자. 나도 돕겠다. 여러
   분도 잘 따라와 달라'고 말씀하시는 것을 듣고 저는 참 뿌듯하고 고마
   웠습니다. 왜냐하면 제가 그 덕분에 회사에 대한 소속감과 신뢰가 깊

어질 수 있었고, 불안했던 마음이 편안해질 수 있었기 때문입니다. 고맙습니다."

6. 상무님이 이렇게 말씀해 주셨다.

"내 마음을 이렇게 잘 알아주어서 정말로 고맙다. 자네는 나의 좋은 동료라는 생각이 드네. 같이 잘해 보자. 좋은 주말 보내고 월요일에 반갑게 보자."

자기 자신의 자랑스러운 모습을 잘 표현하는 방법

"어려서부터 제일 자신 없던 게 남 앞에서 말하는 거였어요. 오죽하면 대학교 수강 신청을 하고 제일 먼저 살핀 것이 '학기 중 발표 수업이 있는가'였어요. 만일 그런 과정이 있으면 정정 기간 중 바로 취소했지요. 그런데 이 회사에 들어와서 자꾸만 발표를 시키는 거예요. 우황청심환도 먹어 보고, 정말 별 노력을 다하면서 지금까지 20년을 지냈습니다. 남들은 아무도 몰랐을 거예요.

그런 노력을 통해 20년을 지내 오면서 배우게 된 것이요? 있어요. 저는 사람들에게는 겉으로 드러나지 않는 고통이 다 있다는 것을 배웠어요. 그래서 저희 팀에서 발표를 할 때 물어보곤 합니다. 그 사람이 발표를 하는 게 잘 맞는지, 준비 자료를 돕는 게 더 잘 맞는지를요. 가급적이면 어떤 일을 지시할 때 스스로 정말 원하는 것을 지원해 주려고 노력을 하게 되었어요. 저처럼 속으로 꾹꾹 참으면서 하는 것보다 잘할 수 있는 것을 찾아 주면 더 쉬워지고, 효과도 좋을 수 있으니까요. 이처럼 상대의 입장에서 생각해 보고 도와주려고 애를 쓰는 것이 제가 배운 점입니다.

그걸 구체적으로 말해 보라고요? 우리가 배웠던 자기 대화를 말로 해 보라는 말씀이시군요. 좋습니다.

'나는 그제 동료와 점심을 먹었고, 그 동료가 상사에게 심하게 깨졌다는 이야기를 들었다. 나는 그 동료의 마음이 어떨까 혼자 고민해 봤다. 그리고 그에게 필요할 것 같은 자료를 내가 알고 있는 범위 내에서 준비해서 보내 줬다. 동료가 매우 고맙다고 말했다. 나의 그런 행동으로 인해 동료의 발전에 기여할 수 있었고, 서로 더 깊은 신뢰도 쌓였기 때문에 나는 스스로 보람을 느끼고 만족스럽고, 내 자신이 자랑스럽다.'

기분이 무척 뿌듯하네요."

누구에게나 "스스로에 대해 말해 보십시오"라는 질문을 받은 때가 있을 겁니다. 아마도 가장 먼저 취업을 준비할 때가 떠오르지 않을까요? 이력서를 준비하다 보면 "스스로의 장점과 약점을 기술하라"는 질문을 만나게 됩니다. 우리는 자기 스스로에 대해 말을 해야 하는 순간에 종종 평가의 말을 하게 됩니다. 저도 자기 평가를 해 보자면, 저는 어려서부터 제가 쓸데없이 혹은 과도하게 민감하고 예민하고 감성적이라고 생각했습니다. 물론 크면서도 저 스스로 '나는 참 예민하고 민감한 사람 같다'고 생각했고요.

저는 그런 저 스스로의 판단 때문에 대충 넘어갈 수 있는 것들도 내적으로 많이 괴로워했고, 편안하게 살 수 있을 것 같은 때에도 혼자 복잡하게 생각하고 분석하고 답을 내려고 했습니다.

그런데 글을 쓸 때 사례를 기억해 내거나, 강의 시에 아주 오래된 이야기가 정확하게 떠올라서 말을 하게 될 때, 또 제 앞에 있는 사람의 이야기를 들을 때면 저의 이런 섬세함과 민감성이 없었더라면 어땠을까 하는 생각이 듭니다. 그런 제 모습이 없었더라면 누군가의 이야기에 세밀하게 경청하기 힘들었을 수도 있습니다. 또한 스쳐 지나가 버리는 삶의 사소한 것에서 에피소드를 잡아내기가 힘들었을 수도 있습니다. 또한 강의 중 교육생의 이야기를 곱씹어 듣지 않았다면 잘 기억해 두지 못했을지도 모릅니다.

저는 자기 평가를 통해 저 자신에 대해 긍정적이거나 고마운 기억을 많이 갖고 있기보다는 고쳐야 하고 부정적인 것으로 간주하는 습관이 있었습니다. 그러나 민감하고 예민하기 때문에 삶이 때론 더디 흘러가고 멈춤도 많지만 어떤 관점에서는 분명 도움이 되기도 하는 것 같습니다.

좋고 나쁜 게 아니라 도움이 되거나 때론 되지 않는 것입니다

그래서 저는 많은 질문을 드려 봅니다. 교육의 현장에서 자기 자신에 대해 어떤 행동을 자랑스럽게 생각하는지 구체적으로 말해 달라고 부탁합니다.

"저는 매우 꼼꼼해요. 그런데 제가 PPT 자료를 만들 땐 도움이 돼요."

"저는 지나치게 잘 웃어요. 그렇지만 남들이 이야기할 때는 좋은 관계에 도움이 돼요."

"저는 우유부단합니다. 대신 팀원들하고 회의를 할 땐 끝까지 다양한 의견을 들을 수 있어서 도움이 돼요."

"전 너무 말이 없어요. 그런데 누군가 자기 이야기를 막 하고 싶어 할 땐 제가 잘 들어 줄 수 있어서 도움이 되기도 하죠."

대부분 우리의 어떤 성향이나 기질, 모습과 행동들은 항상 좋기만 하거나, 항상 나쁘기만 한 것으로 판단될 수가 없습니다. 어떨 땐 도움이 되고, 어떨 땐 도움이 되지 않을 뿐입니다. 그래서 우리의 자기 평가는 긍정적인, 혹은 부정적인 자기 판단으로 끝을 내는 것이 목적이 아닙니다. 그것이 우리의 삶에 어떤 방식으로 도움이 되는지 찾고, 스스로의 그 모습에 고마워할 필요가 있다는 것입니다. 또 도움이 되지 않는다면 어떤 방법을 찾아 성장할 수 있을지에 대해 스스로 물어보고 찾아 행동하면 됩니다.

대화 연습

1. 자기를 평가하는 긍정적인 칭찬을 생각해 보세요.

2. 그 칭찬을 하게 만든 관찰의 기억을 말해 보세요.

3. 그 행동 덕분에 스스로 만족스러웠던 핵심 욕구를 찾아보세요.

4. 그걸 생각하면 어떤 마음이 드는지 감정을 말해 보세요.

5. 상대에게 들어 주어서 고맙다고 말하고 상대 얘기도 들어 보세요.

→ 상대와 나눌 때는 2-5번까지만 말하세요.

예)

1. '나는 참 다정한 사람이야'라고 말하지 않고 생각만 하세요.

2. 나는 팀 후배가 힘들다고 말했을 때 그날 일을 일찍 끝내고 집까지 함께 차를 타고 가면서 그의 이야기를 들어 주었고, 차에서 그가 좋아하는 음악을 틀어 줬어.

3. 그래서 나 스스로 누군가를 공감해 주고 싶었던 마음이 채워지고, 그 후배를 잘 돌봐 주고 싶었던 마음도 채워졌어.

4. 그걸 생각하면 나 자신에 대해 뿌듯하고 꽤 만족스러워.

5. 들어 줘서 고마워. 넌 어떤 일이 있었어?

말하는 사람의
의도를 정확하게
확인하며 듣기

말하는 사람이 상대를 비난하는 표현을 하지 않고 정직하고 명료한 의도와 방식으로 말해도
듣는 사람의 사고에 따라 의도가 충분히 왜곡될 수 있습니다.
그래서 성숙한 관계의 대화라는 것은 말하는 사람만큼
듣는 사람에게도 책임이 있습니다.

"제가 식사를 쏘겠습니다. 오늘 끝나고 같이 식사하실래요?"

아무리 좋은 뜻으로 말해도 듣는 사람의 해석과 사고에 따라 그 의도가 충분히 왜곡될 수 있습니다. 누군가는 제 말에 '와, 고마운 분이네. 덕분에 맛있는 거 먹겠다'라고 생각하실 수 있고, 또 누군가는 '착한 척하는 거 봤지? 무슨 꿍꿍이가 있어서 또 저러는 거야?'라고 생각하실 수도 있습니다.

그래서 성숙한 관계의 대화라는 것은 말하기만큼 듣기에도 책임이 있습니다. 말하는 사람은 자기 의도를 밝힐 책임과 비난하지 않고 표현할 책임이 있지만, 듣는 사람 역시 자기 사고에서 비롯된 왜곡된 판단에서 벗어나 말하는 사람의 의도를 그대로 들어 보려 노력할 책임이 있습니다.

우리의 갈등은 사실이라고 믿은 나의 왜곡된 판단을 상대에게 확인하지도 않고 소문과 외부 근거를 발판 삼아 판단하고 비난하고 퍼뜨릴 때 걷잡을 수 없이 커지기도 합니다. 말하는 사람이 이 모든 상대의 해석에 대해 본인이 책임져야 한다는 내적 강요에 시달리고, 말하는 방식에 있어서 최선을 다해 보았음에도 상대가 왜곡한다면 저는 꼭 얘기해 주고 싶습니다. 듣는 사람의 해석은 그 사람의 몫으로 남겨 두라고 말입니다.

왜곡하여 듣는 이의 마음에는 고통이 자리하고 있습니다. 어쩌면 우리의 노력보다는 다른 이의 보살핌이 필요할 수도 있습니다. 단지 미워하지는 마십시오. 그 사람도 그렇게 들을 때마다 자신의 마음에 괴로움이라는 대가를 치르고 있기 때문입니다. 아무리 좋은 의도로 말해도 상처받겠다고 작심하고 듣는 사람의 경우에는 모든 자극이 독처럼 생각될 것입니다.

상대의 말을
정확하게 확인하며 듣는 방법

"제 상사는 '하나를 말하면 열을 알아듣는 부하 직원'을 좋아했습니다. 그리고 그런 사람에게는 확실하게 보상을 해 주었습니다. 저는 늘 상사가 하는 말과 행동에 제 모든 촉각을 곤두세울 수밖에 없었습니다. 그는 저에게 이렇게 말을 했기 때문입니다.

'너는 하나를 말하면 딱 그 하나만 하거나 그 하나도 제대로 못하는구나.'

그것은 정말로 큰 스트레스였습니다. 업무가 많은 것은 저에게 도전이 되는 스트레스였지만 상사의 눈치를 살피는 일은 정말로 방해가 되는 스트레스였습니다. 눈치를 보면 볼수록 저는 실수가 잦아졌습니다. 상사가 바뀌거나 제가 부서를 이동하는 것만이 조직에서 살아남을 수 있는 방법이라고 믿게 되었습니다.

그런데 조금씩 상사가 말하는 방식이 바뀌기 시작했습니다. 모호하고 명확하지 않았던 지시들이 점점 확실해졌습니다. 예전에는 '발표 자료 잘 만들어 봐. 너무 추상적이지 않으면서 드라이하진 않게. 내 말 무슨 말인지 알지?'라고 했다면 이제는 부드럽고 명확하게 지시하십니다.

→ '이번 발표 자료 만들 때 듣는 사람들에게 우리가 말하려는 게 뭔지 정확하게 전달되었으면 좋겠어. 우리가 말하려는 건 상대 회사보다 우리 제품이 좋다는 걸 비교하는 방식으로 표현하는 게 아니라 우리 제품이 소비자들에게 도움이 되는 효과가 무엇인지가 정확히 들어가는 거야. 그림도 좀 넣었으면 좋겠고, 색도 무채색보다는 강한 원색이 들어가면 좋겠다. 장 수는 15장 미만으로 만들어 보고, 이번 주 금요일 점심까지 나한테 보내 줘. 금요일 오후 5시에 수정 작업 회의 들어가자. 알았지?'

저는 이제 조금씩 배운 대로 용기를 낼 수 있게 되었습니다.

'팀장님, 제가 과장님 말씀을 잘 들었는지 메모한 것을 다시 말해 보겠습니다. 잘 들었는지 확인해 주시겠습니까?'

'해 봐.'

'금요일 점심까지 발표 자료를 만들라고 하셨습니다. 자료는 우리 회사 제품이 소비자들에게 도움이 되는 효과들이 들어가게 만들라고 하셨고, 15장 미만으로 그림도 넣고 색이 강한 원색들로 만들어 보라 하셨습니다. 금요일 오후 5시에 자료 수정 작업 회의를 하자고 하셨습니다. 맞습니까?'

'그래, 맞아.'

'네! 열심히 해 보겠습니다.'

'아! 그 자료는 디자인 팀 양 대리한테 가 봐. 내가 지금 전화해 놓

을 테니까.'

'네. 필요하면 디자인 팀 양 대리에게 도움을 요청하겠습니다.'"

조직에서 말하고 듣는 과정은 톱니바퀴처럼 맞물리는 과정으로 표현할 수 있습니다. 말하는 사람은 듣는 사람이 알아들을 수 있게 말해야 하는 책임이 있고, 듣는 사람은 자신이 제대로 들은 것인지 확인할 필요가 있습니다. 가정에서도 직장에서도 개인적인 모든 관계에서도 이것은 동일하게 적용됩니다. 우리는 분명히 말하고 상대가 알아들었겠거니 하고 돌아서지만 정작 상대는 자기의 이해 방식대로 왜곡해서 기억하거나 아예 기억하지 못하는 수도 있게 마련입니다.

기억의 왜곡에서 벗어나, 정확한 관찰로 듣고 기억하는 힘

세 사람이 다음의 말을 들었다고 합시다.

"저는 이사해서 더러운 걸레로 집을 닦고 청소했습니다."

이 내용을 적어 두지 않았다면 아마도 시간이 좀 지나 그들은 이 말을 이렇게 기억할 수도 있을 것입니다.

"이사한 집이라, 깨끗한 걸레로 집을 닦았는데도 더러워졌다고 말했습니다."

"아니요. 4월에 이사했고, 더러운 걸레로 집을 닦아서 집이 더러워

졌다고 했어요."

"아니요. 새 집에 이사해서 집을 닦고 청소했더니 걸레가 더러워졌
다고 했습니다."

청소를 할 땐 깨끗한 걸레로 닦는다는 우리의 상식적인 사고, 생
각 때문에 원래의 제 말을 잘 기억하지 못할 수 있습니다. 또 누구는
제가 '4월'에 이사했다는 사실을 기억하고 그것을 문장에 추가할 수
도 있습니다. 그래서 누군가의 이야기를 그대로 기억하기란 생각보
다 쉬운 일이 아닙니다. 교육을 진행하면서 저는 우리가 얼마나 상대
의 말을 자기만의 기준과 방식으로 해석해서 기억하는지를 볼 수 있
었습니다. 그리고 이 지점에서 얼마나 많은 오해들이 발생하고, 그것
을 바로잡기 위해서 얼마나 많은 시간과 힘을 낭비하는지 알게 되었
습니다.

모 기업의 과장과 부장이 함께 자리하고 있었습니다. 주제는 "직장
생활을 하면서 듣기 힘들었던 말을 나눠 보기"였습니다. 과장이 먼저
말을 꺼냈습니다.

"저는 팀장님께 들었던 말입니다. 팀장님이 제가 보고 들어갔을 때
'통찰력이 그렇게 없어서 어떻게 하려고 그러나?'라고 말씀을 하셨
는데 그때 좀 불편했습니다."

과장의 말이 끝나기가 무섭게 옆에 있던 부장이 말을 건넸습니다.

"저 김 과장, 아무리 교육이라곤 하지만 다른 직원들도 있는데 여
기서 팀장님 이야기를 하는 건 좀 무리라고 생각하지 않나?"

저도 당황했지만 교육장 분위기가 무척 얼어붙어 버렸습니다. 저는 김 과장에게 물었습니다.

"과장님, 지금 부장님 말씀을 어떻게 들으셨는지 말씀해 보시겠어요?"

김 과장은 잠시 침묵하더니 상기된 얼굴로 이렇게 말했습니다.

"네, 제가 실수를 한 것 같습니다. 죄송합니다."

"부장님, 지금 부장님이 하신 말씀을 과장님이 제대로 들으신 게 맞습니까?"

"아닙니다. 저는 김 과장을 나무란 게 아닙니다. 전 단지 여기서 팀장님 이야기를 하는 게 걱정스러워서 그랬습니다."

"과장님, 지금 부장님이 뭐라고 말씀하셨는지 들으신 대로 다시 말씀해 주시겠어요?"

"네. 부장님이 저를 나무라는 게 아니라 여기서 팀장님 이야기를 하는 게 걱정스러웠다고 하셨습니다."

"부장님, 이번엔 과장님이 잘 들으셨나요?"

"네, 바로 그겁니다. 여기서 팀장님 이야기를 나누면 김 과장이 나중에 혹 불편해지는 상황이 올까 봐 걱정스러워서 그랬습니다."

"아, 부장님은 과장님이 안전하길 바라시는군요. 그리고 팀장님도 이곳에 안 계시기 때문에 보호되기를 바라시고요. 맞습니까?"

"네, 바로 그것입니다. 전 김 과장을 비난할 마음이 전혀 없습니다."

"과장님, 이제 부장님이 어떤 말씀을 하고 싶으신 건지 다시 들으신 것을 말씀해 주시겠어요?"

김 과장은 잠시 가만히 있었습니다. 그리고는 "부장님은 제가 안전하기를 바란다고 하셨습니다. 또 팀장님이 이곳에 계시지 않기 때문에 보호되기를 바란다고 하셨습니다"라고 답했습니다. 부장은 김 과장의 이야기를 듣고 나서 저를 보지 않고 바로 과장에게 말했습니다.

"그래요. 그겁니다!"

과장은 저를 보지 않고 부장의 눈을 보며 말했습니다.

"부장님, 감사합니다."

두 사람은 저의 번역 없이도 이제 잘 말하고, 잘 듣고 있었습니다. 우리는 계속 그 주제로 대화를 나눌 필요가 있었고, 저는 부장님에게 말했습니다.

"부장님, 오늘 우리의 목적은 팀장님을 비난하는 것이 아닙니다. 오히려 팀장님이 하신 말씀을 공감하며 들어 보고, 그분을 더 깊이 이해하기 위한 목적으로 나눌 것입니다. 팀장님을 보호하고 싶어 하시는 마음이 교육 후에 더 채워질 것 같은데 어떠신가요?"

"네, 그렇다면 좋습니다."

재미있는 사실은 나중에 부장 역시 팀장에게 들었던 불편했던 말을 예시로 꺼내어 놓았다는 것입니다.

되묻는 힘은 효율성을 가져다줍니다

조직에서 상대의 말을 잘 듣는 것은 매우 중요한 능력이 됩니다. 잘 듣기 위해선 말하는 사람이 먼저 정확하게 이야기를 해 줄 필요가 있습니다(정확하게 말하는 것에 대해서는 Chapter 5에서 다루어 보았습니다).

동료, 부하 직원, 상사, 거래처, 타 부서와의 협업 시에 우리는 어떤 목적을 갖고 대화를 하게 됩니다. 그리고 서로가 하고자 하는 말을 정확하게 공유하는 정도에 따라 결과가 달라집니다. '빨리빨리'를 강조하면 우리의 대화는 오해로 들어가기 쉽습니다. '효율적'이라는 말의 진정한 의미는 '빨리빨리'가 아니라 '정확히'라는 의미를 내포하고 있는 것입니다. 조직에서 서로 피드백을 주고받고 어떤 결과를 내고자 할 때 서로 말한 것을 제대로 들었는지 되묻는 과정은 결코 시간 낭비가 아닙니다. 오히려 일의 결과까지 생각해 볼 때 매우 효율적인 방식이 됩니다.

상사는 두려워서 되묻지 못하는 부하 직원의 마음을 헤아려 주십시오. 부하 직원은 알 거라 생각해서 모호하게 말하는 상사의 마음을 헤아려 주십시오. 그리고 서로의 의도가 정확하게 일치될 수 있도록 연습해 보십시오.

상대의 말을 제대로 듣는 것은 '되묻기'로 듣는 것을 말합니다. 되묻기의 과정은 이렇습니다.

1. 자신이 들은 내용에는 개인적 해석이 끼어들 수 있다는 것을 기억하기
2. 상대에게 "제가 제대로 들었는지 들은 대로 말해 봐도 될까요?" 라고 묻기
3. 상대와 다른 의견은, 제대로 들은 여부를 확인한 후에 말하기

대화 연습

- 연습의 순서는 부하 직원, 자녀 → 동료, 아내 → 상사(두려우면 보류하기)로 합니다.

  1. 상대의 말을 침묵으로 들어 보세요.

  2. 다 들은 후에 말이 다 끝난 것인지 확인하세요.

  3. 잘 들은 건지 확인하세요. "내가 잘 들었는지 확인해 볼게."

  4. 상대의 말을 들은대로 말해 보세요.

  5. 내 의견이 있으면 추가로 말해 보세요.

- 이 연습은 나 자신에게 편안한 대상부터 해볼 것을 권유합니다.

- 시작할 때 "내가 잘 듣는 방법을 연습 중이야"라고 말해 보세요.

제3자의 입장에서
상대의 심정을 공감하며 듣는 방법

했던 말을 또 하고 또 하는 상대의 지겨운 말을 어떻게 들을까요

"저희 상사 중에 아들이 서울대에 간 분이 있어요. 그분은 정말 모든 이야기가 '기.승.전.서울대'예요. 저희 팀 모두 듣기 싫어하는데 그나마 제가 잘 웃어 주니까 저만 보면 그 얘기를 해요. 리더들이 '꼰대'라는 말을 안 들으려면 이 사실을 알아야 해요. 했던 이야기를 또 하고 또 하면 '꼰대'라는 말을 들을 수밖에 없어요."

"제 집사람이요? 회사 갔다 오면 정말 피곤해 죽을 것 같은데 했던 이야기 또 하고 또 하고, 조금 싫은 표정 지으면 화내고 토라지고. 미칠 것 같아요. 하루 종일 상사 비위 맞추고 집에 들어가면 쉬고 싶지 않나요? 이해할 수가 없어요. 그래서 그럴 땐 가끔 확 소리 질러요. 차라리 토라지면 말을 안 하니까 잠은 잘 수 있거든요."

"제 남편은, 저도 일하는데 집에 가면 자기 혼자 사회생활을 하는 것처럼 직장 생활에 대해 불평불만을 하고 또 하고 끝없이 해요. 아예 회사 때려치우고 집에서 살림이나 하라고 하고 싶어요."

우리는 제3자의 입장에서 누군가의 이야기를 듣게 됩니다. 그리고 그중에는 우리 자신보다 힘을 가진 사람도 있고, 우리보다 힘이 없는 사람도 있습니다. 그 대상이 나와 힘의 지배 관계에서 어떤 위치에 있는지는 우리 자신이 잘 알고 있습니다. 만약 우리가 부하 직원의 입장에서, 사위의 입장에서, 며느리의 입장에서, 학생의 입장에서 누군가의 이야기를 반복적으로 듣게 된다면 그것은 매우 곤혹스럽고 지루하고 괴로운 일이 될 것입니다.

상대의 말속에는 핵심 욕구들이 숨겨져 있습니다

왜 상대는 했던 이야기를 반복적으로 계속하는 것일까요? 그 이유는 첫째, 상대가 반복적으로 말하는 이야기 속에 숨겨진 스스로의 핵심 욕구가 무엇인지 알지 못하기 때문일 수 있습니다. 둘째, 들어 주는 대상이 자신을 진심으로 이해하고 있지 못하다고 생각하기 때문일 수 있습니다.

그렇다면 어떻게 들어야 서로 연결되는 방식으로 대화를 바꾸어 나갈 수 있을까요?

1. 상대의 말속에 숨겨진 핵심 욕구를 들어 봅니다.

2. 추측되는 상대의 숨겨진 핵심 욕구를 정확하게 말해 봅니다.

3. 우리 추측이 맞다면 상대는 이제 그만하거나 줄여 나갈 가능성
   이 높습니다.

4. 우리 추측이 틀리다면 상대는 스토리에서 벗어나 자신의 핵심
   욕구를 찾으려 할 것입니다.

5. 상대의 핵심 욕구가 확인되면, 이제 다른 이야기의 주제에 대해
   나누고 싶다고 말해 봅니다.

"제 입사 동기이자 동료는 매일매일 불안하다는 말을 하며 신세한
탄을 합니다. '회사가 어떻게 되려고 이 모양이냐? 나는 어떻게 될
까?'라는 말을 그 동료랑 만날 때마다 듣게 됩니다. 그 이야기를 하
도 들으니까 어느 순간부터 저도 불안해지더군요. 그러다 보니 웬
만하면 자꾸 피하게 되었습니다. '행복한 사람 곁에 있어야 행복해
진다'는 말을 들은 후로는 더 그렇게 되었습니다. 그 동료는 저 말
고 다른 사람에게도 그 말을 종종 했습니다.

그날도 우리가 점심을 먹고 커피를 마시고 있었는데 제 예상대로
그 동료가 또 회사 이야기를 하며 신세한탄을 하는 것이었습니다.
저는 그에게 '그만 좀 해라. 또 그 소리냐? 지겹다. 다 그렇게 사는
거야'라는 식으로 반응해 왔었는데, 제가 배운 방식을 적용해 보기
로 마음먹고 해 봤습니다.

'애들은 커 가는데 정말 답이 없다. 회사 생활 죽도록 하면 뭐하나
싶어. 이러다 잘리면 우린 끝 아니야?'

저는 이 말을 듣고 동료의 핵심 욕구가 뭘까 고민해 봤습니다. 그리고 '아, 이 친구는 정서적으로 안정을 바라고 있구나. 그리고 가족들을 위해 무언가 경제적으로 잘 뒷바라지를 하고 싶구나' 하는 추측을 하면서 동료에게 말을 했습니다.

'너는 일하는 동안에는 정말 마음이 편안했으면 좋겠어? 그리고 가족들을 위해서 경제적으로 안정될 수 있게 뒷바라지하고 싶어?'

그 순간 동료가 제 말을 듣더니 가만히 쳐다봤습니다. 저는 동료가 '야, 너 갑자기 왜 이상하게 말하냐?'라고 할 줄 알고 민망해졌습니다. 그런데 그는 '응. 그랬으면 좋겠다, 정말'이라고 말하더니 멈추는 것이었습니다. 저는 속으로 '와! 이건 기적이야'를 외쳤습니다. 제가 7년 넘게 들었던 말이 멈추었던 것입니다. 더 놀라운 기적은 그 일이 있고 난 얼마 후에 동료가 저한테 와서 한 말이었습니다.

'나 주말에 애들 수학 가르친다. 내가 다른 건 몰라도 수학은 자신 있었거든. 애들이 날 보는 눈이 달라졌어. 그리고 애들 친구들까지 내가 가르쳐. 내가 경제적으로 더 나아질 수 없는데 고민만 한다고 나아지겠냐? 그래서 애들 수학 과외비를 줄여 봐야겠다 싶어서 직접 가르쳤더니 꽤 재미있어. 그때 내 얘기 들어 줘서 고마웠다.'

저는 동료의 신세한탄을 7년 동안이나 참고 들었는데, 그동안은 한 번도 듣지 못했던 말이었습니다.

저는 저의 가장 큰 고민의 상대인 아내와도 해 봐야겠다고 생각했습니다. 아내는 저에게 자기 친구가 결혼할 때 받았던 다이아 반지가 자신이 받은 것보다 크다는 이야기를 반복적으로 했습니다. 저는 그 말로 다투다가 이혼 직전까지 간 적이 있을 만큼 스트레스를 받았습니다. 동료에게 성공했던 방법을 아내에게도 용기를 내어 적용해 봤습니다.

'여보, 당신도 어느 누구보다 소중하고 가치 있는 사람이라는 걸 확인받고 싶었어? 그래서 그 다이아가 갖고 싶었던거야?'

아내는 저를 보며 '뭔 소리야? 갑자기!'라고 말하고는 부엌으로 걸어가 버렸습니다. 그리고 잠시 후 눈이 벌겋게 되어 나타나서는 '그래, 그래! 내가 개보다 뭐가 부족해서 이런 대접을 받고 살아야 되냐고!' 하며 소리쳤습니다. 저는 깨달았습니다. 좀 더 시간과 연습이 필요할 수 있겠다는 사실을요. 그러나 불가능한 것이 아님을 확신할 수 있었습니다."

반복되는 이야기는 오랜 고통의 표현일 수 있습니다

왜 동료에게는 통했던 방법이 아내에게는 통하지 않았을까요? 저는 제 삶을 보아 올 때 제가 어떤 같은 이야기를 반복하고 있다는 것을 알게 되었습니다. 저는 누군가를 붙잡고도 그랬고, 제 속으로 생각을 되뇔 때도 그랬습니다. 해결 방법도 알고, 제 핵심 욕구도 아는데도 불구하고 계속 그 이야기가 머릿속에서 맴돌았습니다.

제가 1년간 일대일로 대화 교육을 했던 리더가 있습니다. 저는 몇 달간 그분의 반복된 유년 시절의 고통스런 이야기를 들으면서 그 아픔이 그분께 얼마나 큰 상처로 남아 있는지를 알게 되었습니다. 저라도 그 고통을 겪었다면 제대로 살 수 없었을 거라 여겨질 만큼 그 고통은 너무 가혹하고 비참했습니다. 그런 그분은 부하 직원이 힘들고 어려운 처지에 놓이면 마치 자신의 예전 고통처럼 느껴져서 잠도 잘 못 주무시며 괴로워하셨습니다. 곁에서 보고 있기가 참 마음이 아팠습니다.

그럴 때면 저는 그분께 "그 당시 선생님께 사랑과 보살핌이 얼마나 필요했을까요? 의지할 수 있고 기댈 수 있는 그런 돌봄 말입니다. 많은 시절 참으로 고생하셨네요"라고 공감하는 마음으로 들었습니다. 그분은 우리의 교육이 마무리된 시점까지도 문득문득 말씀하곤 하셨는데 "고맙습니다. 제 마음의 평화가 이제 찾아온 것 같네요"라고 하셨습니다.

그렇습니다. 견디기 힘들었던 고통들은 아주 오랫동안 우리 마음속에 슬픔으로 남아서 툭하면 튀어나오곤 합니다. 그래서 곁에서 들어 주기가 힘들 수 있습니다. 아마도 그 슬픔이 충분히 애도되어야 스토리가 끝이 날지 모릅니다. 그러니 우리가 잘 들어 주지 못했기 때문이 아님을 알 수 있습니다.

그 다이아의 크기 문제가 아닙니다. 모든 여성이 다이아의 크기에 민감하지 않을 수도 있습니다. 아내에게 왜 다이아의 크기가 그토록 중요했을까요? 자신이 "얼마나 사랑받고 싶어하는지"에 대해 아는 것조차 고통인 만큼 사랑받지 못했던 시절의 애도가 충분히 이루어진 후에야 그 이야기는 끝날지 모릅니다. 남편이 다 해 주지 못할 수 있습니다. 왜냐하면 우리는 자신의 슬픔을 감당할 짐을 스스로 져야 할 책임도 있기 때문입니다. 아내가 스스로 그 고통에 대한 책임을 감당해 나갈 수 있도록 아내와의 관계에서 고마움을 자주 표현하는 것이 오히려 도움이 될 수도 있습니다.

하지만 그 후에 "여보, 당신이라는 존재가 얼마나 소중한지 당신 스스로도 알고 싶고 우리 가족 모두가 그걸 알아주면 좋겠어?"라고 물어보면 아내는 어느 순간 조용히 고개를 숙인 채 끄덕일지 모릅니다. 그리고 다이아 반지 없이도 행복할지 모릅니다. 그래서 우리는 때로 기다려 줄 필요가 있습니다. 상대가 스스로 그 아픔을 수용하고 이겨 낼 시간을 말이지요.

대화 연습

• 제3자의 입장에서 상사나 어려운 상대의 반복되는 이야기를 공감하며 들어 보세요.

1. 상대의 이야기를 주의 깊게 침묵하며 들어 보세요.

2. 들으면서 상대의 말속에 숨어 있는 핵심 욕구를 찾아보세요.

3. 상대의 이야기가 끝나거나 잠시 멈추었을 때 핵심 욕구를 정확히 말해 보세요.

4. 상대의 반응을 살펴보세요.

5. 필요하다고 판단될 때는 다시 핵심 욕구를 반복해서 말해 주며 들어 보세요.

6. 상대가 호흡을 고르거나 말을 쉬면, 다른 이야기를 나누자고 제안해 보세요.

말이 통해야 일이 통한다

나와 유사한 경험을 한 상대의 말을 들어 주는 방법

"제 직장 후배 중에 사내에서 몰래 연애를 했던 사람이 있어요. 저도 그 후배처럼 사내 연애를 했던 경험이 있거든요. 그래서인지 그이야기를 저한테만 말해 주었는데, 이번에 헤어지게 된 거예요. 저는 그 이야기를 들으면서 후배한테 제 얘기를 해 주었어요.
'정말 힘들지? 내가 잘 알지. 나도 사내 연애 해 봤잖아. 나 그때 정말 눈치작전 펼치고 거의 007 영화 수준이었다니까. 그렇게 애쓰고 공들여 연애했다가 헤어지는데 완전 억울하더라고. 그동안 내가 뭘 했나 싶고. 그랬더니 그 인간이 글쎄 이번엔 다른 여자애랑 데이트를 하더라고. 무슨 사내 연애가 취미인지! 너도 조심해. 내가 겪어 봐서 아는데 사내 연애는 정말 할 게 아니더라.'
저는 나름대로 공감하며 잘 들어 줬다고 생각했는데 후배의 표정이 좋지 않았습니다. 그러더니 제가 자기 마음을 이해해 주지 못한다며 서운해하는 거예요. 저는 애써서 시간 내어 밥까지 사 주면서 들어 주었는데 고작 한다는 말이…. 누군가의 말을 잘 들어 주는 것은 정말 어려운 일 같아요."

　우리가 경험한 일을 겪은 상대의 이야기를 잘 들어 주는 것은 종종 쉽지 않게 다가옵니다. 왜냐하면 우리의 경험으로부터 배운 우리의 지혜들이 자꾸만 떠오르기 때문이지요. 상대의 이야기에 집중하기보다는 상대에게 우리가 배운 지혜를 이야기해 주고 싶어집니다. 안

타깝고 딱하고 답답한 마음에 말입니다. 이때 우리는 상대의 말을 끊고, 내 경험과 지혜를 들려주고, 가르치고 생각을 바꾸려는 실수를 하게 됩니다.

내 경험의 기억을 잠시 내려놓고 호기심으로 돌아가 보세요

비행기를 타 보셨나요? 처음 탈 때 어떠셨나요? 비행기를 타고서 주변을 관찰해 보셨나요? 아이들과 어른들의 모습에서 어떤 차이를 볼 수 있었나요? 창가에 고개를 바짝 붙이고 창밖으로 멀어지는 사물들을 하나라도 놓칠까 봐 바라보며 마음에 담는 아이들의 모습을 보았을 것입니다. 비행기를 많이 타 본 사람들은 그저 눈을 감고 있거나, 신문을 보거나, 옆 사람과 이야기를 나누거나, 짐을 정리하고 있을 것입니다. 차이가 무엇일까요?

저는 호기심이라고 생각합니다. 새롭게 바라보는 눈과 마음이 호기심입니다. 누군가의 이야기를 들을 때 우리가 힘든 이유는 '나도 겪어 봐서 잘 알아. 이미 잘 아는 이야기야. 뻔하지. 내가 알지'라는 생각이 우리 마음속에 차 있기 때문입니다. 그러면 우리는 상대의 이야기에 집중할 수 없게 됩니다.

그렇다면 공감적으로 잘 들어 주는 태도는 무엇일까요?

1. 하던 행동을 멈추고 상대를 바라보기
2. "나는 당신에 대해 지금부터 모릅니다"라고 되뇌기
3. 상대가 반복하는 말을 '상대가 사용하는 말 그대로' 반영해 주기

(해석해서 말하지 않기)

"상사가 날더러 태도를 고치라고 하더라고."

→ "상사가 널더러 태도를 고치라고 했어?" (O)

→ "상사한테 찍혔구나." (×)

4. 가만히 상대의 말을 들으며 감정을 느껴 보기

"그래서 많이 불편하고 걱정되었겠네."

5. 감정의 원인인 상대의 핵심 욕구를 찾아 이해하기

"너도 나름대로 애쓰고 있는 거 알아주고, 도움받고 싶었을 텐데." (핵심 욕구 : 인정, 도움)

나는 아무것도 모릅니다 : 0%의 진실

여러분은 누구에 대해 잘 안다고 생각하나요? 여러분과 가장 가까운 사람은 누구인가요? 그 사람에 대해 얼마나 알고 있나요? 저는 제 가족, 친한 동료, 친구, 사랑하는 사람들에 대해 꽤 잘 알고 있다고 생각했습니다. 100% 중에서 90% 정도는 말이지요. 그런데 그런 생각을 하며 들을 때 저는 자주 힘들어졌습니다. 뻔히 아는 이야기가 되다 보니 잘 들리지 않았고, 결론부터 내고 싶어졌기 때문입니다.

조직에선 어떻습니까? 바쁘게 돌아가는 직장 생활에서, 가뜩이나 바쁜데 뻔히 다 아는 이야기를 언제까지 듣고 있을 수 있을까요? 그러나 누군가의 이야기를 호기심으로 듣게 되면 우리는 그 이야기가 우리 모두에게 도움이 된다는 것을 알게 됩니다. 또한 그렇게 쌓인 신뢰 관계는 긴말이 필요 없는 사이가 되기도 합니다.

그러자면 몇 번은 의도적인 대화의 시간을 갖는 것이 중요합니다. 근무 시간 중을 활용하는 것도 방법입니다. 점심시간, 쉬는 시간, 퇴근 시간 등을 이용해서 같이 일하는 가운데 있었던 일들을 서로 나누고 들어 보는 것입니다. 단, 같은 업무를 보기 때문에 서로 뻔히 안다고 생각될지라도 '나는 그 사람이 하는 이야기 속에서 그의 감정과 핵심 욕구를 알지 못한다'라는 사실을 인지하고 들어 볼 필요가 있습니다. 같은 공간, 같은 사무실에서 일을 하며 같은 일을 겪더라도 그 사건을 대하고 느끼고 판단하는 것들은 개인마다 다를 수 있기 때문입니다.

조언은 언제 하는 것이 좋을까요? 가만히 듣고만 있어도 상대는 말을 하며 정리가 되고 스스로 답을 찾기도 합니다. 아마 대부분은 그럴 것입니다. 만약 상대가 먼저, "김 대리, 너라면 어떻겠어?"라고 말을 한다면 그때 우리의 경험과 조언을 나누어 주면 됩니다. 조언은 언제나 상대가 원할 때에만 효과가 있다는 것을 대화 시에 꼭 기억하시기를 희망합니다.

> ### 대화 연습
> - 친한 동료와 대화할 시간을 만들어 보세요.
> - 서로의 이야기를 들어 보자고 말해 보세요.
> 1. 화자-먼저 오늘 회사에서 있었던 일에 대해 이야기를 해 보세요.
> 2. 청자-판단하지 말고 상대의 마음이 어떨지 집중해서 침묵으로 들어 보

세요.

3. 화자-자신이 말한 것에 대해 생각해 보고, 구체적 해결 방법이 떠오르면 말해 보세요.

4. 청자-가만히 집중해서 들어 보세요.

5. 화자-해결 방법에 대해 도움이나 조언이 필요하면 말해 달라고 부탁하세요.

6. 청자-조언을 하고 싶다면 듣고 싶은지 물어 보고 하세요. 조언을 할 때 상대의 처신, 행동을 비난하지 말고 앞으로 상대에게 도움이 될 방법만 말해 주세요(듣고 싶지 않다고 하면 말하지 않고 넘어가세요).

내가 겪어 보지 못한 일을 겪은 상대의 말을 듣는 방법

"옆 팀에 있던 친한 동료가 상사랑 2년 넘게 갈등을 겪다가 결국 다른 팀으로 옮기게 되었습니다. 저는 사실 팀원들하고 그렇게 큰 갈등을 겪거나 상사와 문제가 있었던 경험이 없어서 그 동료의 마음을 잘 모르겠습니다.

솔직한 심정으로는, '너도 좀 꿍한 거 아니냐?'라고 말하고 싶고, 상대가 오죽했으면 그랬겠나 싶기도 하고요. 또 문제가 생기면 양쪽 사람 모두에게 원인이 있는 것이지 한 측에만 잘못이 있을까 싶기도 해서 그 동료의 마음을 이해 못하겠습니다. 제가 봤을 땐 그 상사도 그렇게 나쁜 분은 아닌 것 같거든요. 그렇다고 이렇게 이야기를 하면 동료가 기분 나빠할 게 틀림없어요. 조금만 양보하고 비위를 맞추면 상사랑 잘 지낼 수 있을 텐데, 동료가 스스로를 돌아볼 필요가 있는 것은 아닌지 모르겠어요.

겪어 보지 않은 일이라 온통 머릿속에서 원인과 결과를 따지게 되고, 잘잘못을 가리려고만 하게 되는 것 같습니다. 겪은 일이 아니라 조언도 못하겠고요. 자꾸만 그 동료를 분석하고 추궁하게 되는 것 같아서 대화 나누기도 불편해졌습니다.”

영화를 보면, 우리가 상상하지도 못한 인생을 관찰하게 됩니다. 권선징악의 영웅 스토리를 대할 때 우리 대부분은 선한 캐릭터인 주인공 입장에서 영화를 보게 됩니다. 그리고 악역을 하는 상대 캐릭터에 대해서 비난하고 평가하기 쉽습니다. 그런데 만약 악역의 입장에서 철저히 그를 옹호하는 관점을 갖고 영화를 보게 되면 우리는 그 악역의 캐릭터를 이해하려고 애를 쓰게 될 것입니다. 그리고 이렇게 말할지 모릅니다.

“그 캐릭터의 행동에 동의하기는 힘들지만, 심정은 좀 이해가 된다.”

행동에 동의하기는 힘들어도 외롭고 쓸쓸한 악역의 심정에 대해선 이해하게 되는 것이지요. 그것을 우리는 ‘연민’(compassion)이라고 합니다. 우리의 일상에서, 일터에서 누군가의 삶을 바라보는 것은 연민과 유사하다고 말하고 싶습니다. 직장 내에서 동료나 팀원들 등 친한 사람들끼리 자신의 삶에 대한 이야기를 나눌 때가 있습니다. 그때 우리는 우리가 경험하지 못한 일을 듣게 되면 상대 입장에서 생각하기보다는 원인과 결과를 따지고 묻고, 분석하고 추궁하며 들으려고 합니다.

"그 사람이 아무런 이유 없이 그러진 않겠지. 원인이 뭐야?"

"언제부터 그런 것 같은데?"

"네가 최선을 다하지 않은 건 아니야?"

"그 사람 입장에서도 생각해 봤어?"

"이해가 안 되네."

하지만 동료의 이야기를 철저히 동료의 입장에서 들어 보면 우리는 굉장히 높은 공감 능력을 키울 수 있습니다. 또한 팀원 간의 아주 강력한 신뢰와 소속감을 경험하게 됩니다.

상상력을 키우는 것은 연민의 힘이 됩니다

조직에서 단체 생활을 하다 보면 우리의 상식으로는 이해되지 않는 경우가 참 많습니다. 또 우리의 판단 기준으로는 답이 나오지 않아서 혼란스러운 경우가 있습니다. 우리도 다 겪은 것이 아니다 보니까 자꾸 취조하고 분석하려고 하게 됩니다. 그래서 누구의 잘못인지, 누가 가해자인지, 피해자인지를 따지려고 합니다. 하지만 이렇게 듣는 태도가 종종 도움이 되지 않는 이유는 상대는 정답을 찾기보다는 우리의 이해와 공감을 필요로 하기 때문입니다.

그래서 우리가 겪지 않은 일을 상대가 이야기할 때는 우리의 판단과 분석으로부터 벗어나서 상상력을 발휘해 들어 볼 필요가 있습니다. 그렇게 되면 상대의 입장이 이해가 되기 때문입니다. 동료(부하 직원, 상사를 포함)와 마주할 때 우리는 철저하게 그 사람이라고 생각하며 들어 주고, 생각이 아니라 심정에 동의하며 들어 주고, 동료의 행동 뒤에 숨겨진 핵심 욕구를 추측해 보고, 함께 찾은 핵심 욕구를 충족하기 위해서 무엇을 누구에게 요청하고 싶은지 물어 봐 줄 수 있습니다.

> "상사랑 지난 2년간 힘들었다니 정말 괴로웠겠네. 상사다 보니 말하기도 힘들었을 텐데 말이야. 너도 좀 편안한 분위기에서 업무를 보고 싶었을 것 같은데 수고했다(핵심 욕구 : 정서적인 편안함, 자율성). 앞으로 일하는 곳에서 잘 적응하고 편하게 일할 수 있기 위해서 어떻게 해 볼 생각이야?"

동료의 말을 이렇게 들어 준다면 상대는 우리에게 무척 고마워하고 스스로도 방향을 잘 잡아 갈 수 있을 것입니다. 공감은 매우 현실적인 소통의 방식이고, 우리로 하여금 혼란스러움에서 벗어나 명료하게 이해할 수 있도록 안내해 주는 힘이 있습니다.

공감자의 입장에서 들을 때 연결의 힘을 경험하게 됩니다

우리는 가끔 착각합니다. 조직이라는 곳에서 공감은 굉장히 낯설고 어울리지 않는 단어라고 말입니다. 또한 사람을 비효율적이고 감정적으로 만든다고 오해하기도 합니다. 하지만 공감은 살아 숨 쉬는 사람이 모인 곳이라면 어디서나 필요합니다. 그곳이 조직이든, 가정이든, 학교이든, 어디든 사람은 서로 연결되기를 희망하고 그곳에서 공감받기를 원합니다. 우리가 의식하지 못할 뿐이지요.

옳고 그른 것을 가려 주는 재판장의 입장이 아니라 공감하는 사람의 입장에서 들을 때 우리는 상대와 얼마나 깊이 연결되는지를 경험할 수 있습니다. 그리고 상대로부터는 우리 자신이 매우 큰마음을 지닌 사람으로 여겨지게 됩니다. 그것은 매우 자연스러운 반응입니다. 왜냐하면 사람은 누구나 자신의 이야기를 깊이 들어 주는 대상에게 감동하기 때문이지요. 이처럼 판단을 내려 주는 역할과 의무에서 벗어나서 잠시만 상대의 마음을 이해해 보려 노력한다면 우리는 상대와 매우 깊은 친밀감과 신뢰를 경험할 수 있게 될 것입니다.

대화 연습

• 좋아하는 영화를 한 편 보면서 연습해 보세요.

1. 내가 주인공이라고 생각해 보세요.

2. 그 입장에서 주인공을 옹호하는 마음으로 영화를 보세요.

3. 중간쯤부터, 혹은 영화를 다시 보며 주인공과 대치되는 역할을 하는 입장에서 보세요.

4. 주인공과 대치되는 인물을 옹호하는 마음으로 영화를 보세요.

5. 자신의 마음에 어떤 차이가 있는지 느껴 보세요.

내가 아무것도 해 줄 것이 없는 상황에서 듣는 방법

"저희 상사는 얼마 전 정리 해고로 회사를 나가게 되었습니다. 그리고 사모님이 위암 수술을 두 차례나 했다는 사실도 알게 되었습니다. 그 상사와 그렇게 친분이 있었던 것은 아니지만, 저는 몇 날 며칠을 고민했습니다. 그분이 얼마나 힘들까 생각해 보는 것은 그리 어려운 일이 아니었습니다. 저라고 그런 일이 없으리라는 보장이 없으니까요.

우리 팀은 요즘 그야말로 침통한 분위기입니다. 그렇다고 누구 하나 나서서 이런 분위기에 대해 이야기를 꺼내는 것도 아닙니다. 사실 누가 나선다고 해결되는 문제도 아니기 때문에 나설 수도 없지요. 모두 한숨을 쉬며 지내지만 그냥 그렇게 시간이 지나가는 거예요.

저희 상사가 먼저 식사라도 한번 하자고 말했을 때 고마우면서도 정말 혼란스러웠습니다. 왜냐하면 식사하는 시간 동안 무슨 말을 해야 할지 정말 막막했거든요. 위로를 하는 것도 아닌 것 같고, 회사에 대해 욕하는 것도 아닌 것 같고…. 남아 있는 저희들이 어떤 말로 그분을 대해 드리더라도 그게 무슨 힘이 되겠습니까. 처자식 먹여 살릴 일이 앞으로도 태산인데요. 사모님은 아프시고, 아이들은 커 가고, 저희 팀장님은 나이가 아직 창창한데 갈 곳은 없고…. 한숨만 나오는 이 마음으로 어떤 것을 해 드려야 할지 막막해서 자꾸만 더 피하게 되더군요. 이럴 땐 어떻게 들어 드려야 합니까?"

공감은 상대의 회복을 도울 수 있습니다

직장에서 만나게 되는 동료의 실직 혹은 죽음, 이혼이나 사별, 자식의 고통 앞에서 우리가 상대에게 해 줄 수 있는 것이 아무것도 없음을 받아들이는 것은 아주 중요합니다. 상대는 그 일을 겪으며 자신의 역동적인 감정의 정거장들을 거쳐 가야만 합니다. 화도 나고, 두렵기도 하고, 불안하다가도 우울해지고, 무력해지고, 그러다가도 받아들이고 희망을 찾아가게 됩니다. 삶이라는 것 앞에서 우리는 조금 겸손해질 필요가 있습니다.

우리가 누군가의 삶을 회복시켜 줄 수 있다는 것은 섣부른 생각일 수 있습니다. 친했던 동료의 자녀가 사고로 목숨을 잃었을 때 한 동료는 그저 가서 그의 어깨를 부둥켜안고 실컷 울고 왔다고 합니다. 무엇을 할 수 있었겠습니까? 그가 울 때 그저 같이 울어 주세요. 그가 찾아오면 그저 안아 주세요. 그가 식사 때 찾아오면 "밥 먹었어?"라고 묻고 식사 한 끼 따뜻하게 사 주세요. 갈 때는 "언제든 오고 싶을 땐 와"하고 말해 주세요. "아무것도 해 줄 수 없어 마음이 아프다. 하지만 찾아오면 같이 있어 줄 수는 있어"라고 해 주세요.

기억하면 좋겠습니다. 우리가 살며 때론 상대의 고통을 해결하기 위해 해 줄 수 있는 것이 아무것도 없다는 것을 스스로 받아들일 때에만 우리는 상대를 깊이 공감할 수 있으며, 그 자리에 그저 그 존재로 함께 머물러 줄 수 있음을 말입니다.

우리는 주려고 하는 존재입니다

우리는 서로에게 무언가 주려고 하는 존재임을 다시 확인합니다. 교육을 진행하면서 저는 우리의 조직이 각박하기보다는 따뜻한 인간애가 흐르는 곳임을 알게 되었습니다. 부하 직원의 고통을 아파하는 리더를 보게 되었고, 동료의 아픔을 보며 무언가라도 해 주려는 동료들을 보기란 그리 어려운 일이 아니었습니다. 어떻게든 자신이 할 수 있는 것을 해 주려고 하고, 그렇게 할 수 없음에 미안해했습니다. 세상은 분명 각박한 것만 같은데 뉴스와 달리 현장에서는 여전히 인간의 기본 욕구인 '주려는 힘'을 확인하게 됩니다.

그러나 때로는 우리의 주고 싶은 마음조차도 상대가 힘들어할 수 있습니다. 상대가 지금은 자신의 고통에 너무 빠져 있어서 우리가 건네는 손길을 잡고 싶지 않을 수도 있습니다. 하지만 그것은 과정입니다. 그것은 손을 거두고 물러나거나 떠나라는 뜻이 아니라 그저 잠시 그곳에 머물러 달라는 신호입니다.

우리에게는 우리의 삶이 있습니다. 그 삶을 잘 살아 내야 합니다. 우리가 상대의 아픔에 죄책감을 느낄 필요는 없는 것입니다. 무언가 주고 싶은데 상대가 그것을 받고 싶어 하지 않는다고 해서 우리 자신

말이 통해야 일이 통한다

을 자책할 필요는 없습니다. 단지 상대가 힘들어할 때는 곁에서 손을 내어 주면 됩니다. 그 손을 상대가 잡을 땐 말보다는 따뜻한 표정과 눈빛이 더 큰 도움이 되기도 합니다.

저는 우리가 조직에서도 이런 우리의 본성을 믿으면 좋겠습니다. 내가 힘들 때 내 곁에서 묵묵히 살아가는 동료들이 있고, 누군가가 힘들 때 손을 내어 줄 우리 자신의 따뜻한 마음을 신뢰하며 살아가면 좋겠습니다. 동료가 만일 오늘 힘들다고 잠시만 시간을 내어 달라고 하면 어떻게 하시겠습니까? 아마도 어떻게든 잠시라도 같이 있어 주려고 노력할 것입니다. 우리가 그렇다면 상대도 그럴 것입니다. 그것을 믿을 때 조직이 살아나고 움직이고 성장합니다.

갈등을 경험하는 사람들 사이에서 중재자로 듣는 방법

"제가 팀장으로 발령을 받고 왔을 때 우리 팀에 이미 갈등 관계에 있던 박 과장과 이 대리는 유명했습니다. 저는 HR(인사 관리)에서 오래 일을 한 경력이 있기에 사람들을 다루고 관리할 수 있는 능력이 있었고, 그런 저 자신에 대해 꽤 자신할 수 있었습니다.

그런데 두 여성 사이에서 중재하기란 정말 쉬운 일이 아니었습니다. 각자 자신의 감정에 대해 토로할 때는 정말 소리라도 질러 버리고 싶었습니다. 회사가 놀이터도 아니고, 어떻게 개개인의 감정을 다 다루고 돌봐 줍니까? 자신의 감정은 자신이 조정하고 업무는 이성적으로 해야지요. 평소 여성들에 대한 편견이 없다고 자부하고 있었는데, '여자들이 이래서 안되는 건가' 하는 생각까지 들어서 정말 저 스스로도 괴로웠습니다.

저는 그들 각자가 갖고 있는 역량을 믿고 있었습니다. 각 개인으로 보면 정말 일을 잘하거든요. 그래서 배운 대로, 한 명씩 따로 만나서 공감을 해야겠다고 생각했습니다. 최대한 편을 들지 않으면서 상대의 핵심 욕구가 뭘까만 생각했습니다. 그리고 놀라운 일이 벌어졌습니다. 정말 놀라웠어요.

'이 대리, 이 대리는 일을 할 때 신뢰받고 자율적으로 하고 싶었던 거지? 스스로 결정하고 처리하는 것을 기다려 주는 거 말이야.'

'네, 팀장님! 바로 그겁니다.'

이 대리는 더 이상 박 과장을 헐뜯지 않았어요. 와! 정말 놀라웠습니다. 몇 분이 지나지 않아서 이 대리가 박 과장의 입장을 생각하기 시작했거든요.

'박 과장님은 아마도 절 아직 못 믿으시나 봐요.'

저는 이즈음이면 이 대리가 박 과장의 입장을 고려해 볼 마음의 여유가 있는 것 같아서 물어봤습니다.

'이 대리가 볼 땐 박 과장은 뭘 원했던 것 같아?'

'편안하게 일을 맡기고, 믿고 싶으셨던 것 같아요.'

'그래, 그렇게 생각했군. 알았어.'

저는 박 과장과 이야기를 했고 이번에도 배운 대로 박 과장의 핵심 욕구만 추측해 보았습니다.

'박 과장, 박 과장은 일을 맡기면 잘 처리될 수 있도록 지원하고 가르쳐 주고 싶어?'

'아니요, 팀장님. 전 제가 지시한 일이 잘 처리될 수 있도록 스스로 알아서 하고 과정만 저에게 보고해 주면 좋겠어요. 그런데 이 대리는 일을 맡으면 끝날 때까지 중간보고라는 게 없어요. 간섭을 하지

않을 수가 없어요. 물어보면 얼마나 표정이 굳어 버리는지, 너무 건방져요.'

'그렇군. 그럼 박 과장은 일을 시키면 안심하고 싶고, 다른 중요한 일들을 처리하는 데 집중하고 싶다는 거지?'

'네, 바로 그거예요.'

저는 이 대리의 핵심 욕구가 '자율성', '신뢰'라면 박 과장의 핵심 욕구는 '홀가분함', '안심', '자기 일에 집중할 수 있는 배려와 협조'라는 것을 알게 되었습니다. 저는 두 사람을 불러 이런 이야기를 하면서 서로의 합의점을 찾을 수 있었습니다. 정말 몇 달 동안 두 사람이 겪어 온 갈등이 몇 시간 안에 풀어졌습니다. 이 일은 앞으로 조직 생활에서 제가 리더로서 중재를 할 때 매우 큰 확신과 좋은 경험으로 자리할 것 같습니다.

'박 과장은 이 대리가 뭘 해 주면 좋겠어? 어떻게 하면 박 과장이 바라는 대로 안심하면서 다른 일에 집중하도록 배려받을 수 있을 것 같아?'

'전 이 대리가 중간에 알아서 보고를 좀 해 주길 바라요. 제가 중간 보고 하라고 말하기 전에요.'

저는 이 대리를 보며 말했습니다.

'이 말을 듣고 이 대리는 어떤 의견이 있어?'

'네, 그렇게 할게요. 그럼 얼마 만에 한 번씩 보고해 드리면 안심하실 수 있을지 알려 주시면 좋겠어요.'

'박 과장은 어때?'

말이 통해야 일이 통한다

'이틀에 한 번씩은 해 주면 좋겠어요. 오후에요. 시간이 없을 때는 이메일도 좋아요.'

저는 이 대리를 보며 물었습니다.

'이 대리는 어때? 박 과장한테 부탁하고 싶은 게 있나?'

'네, 제가 꼭 그렇게 할 테니 저를 믿어 주시면 좋겠어요.'

'박 과장, 어때?'

'네, 믿어요. 이 대리가 열심히 하는 것은 제가 잘 알고 있으니까요.'

저는 이 대리에게 마지막으로 물었습니다.

'이 대리, 박 과장 말을 들으니 어때? 박 과장이 지금 뭐라고 했는지 들은 대로 말해 보겠어?'

'네, 박 과장님은 제가 열심히 하는 것을 알고 있다고 말씀하셨어요. 감사합니다.'

이 대리는 이 말을 하면서 눈시울이 붉어졌습니다.

저는 정말 어떤 해결책도 먼저 제시하지 않았습니다. 그저 두 사람의 핵심 욕구만 짚어서 전해 주었을 뿐입니다. 그리고 해결은 두 사람이 나눴고 찾았습니다. 이게 중재의 핵심이라는 것을 배울 때는 완전히 믿기 힘들었는데, 정말 가능하다는 것을 확인하고 나서는 자신감이 생겼습니다. 매번 누가 더 잘했는지, 누가 옳은지를 파악하느라 애를 썼는데 이젠 그럴 필요가 없겠네요. 그리고 리더로서 부하 직원을 믿는다는 것이 어떤 건지 경험할 수 있었습니다."

양쪽의 핵심 욕구가 드러나면 갈등은 해결됩니다

누가 옳았는지, 누가 피해를 보았는지, 어떻게 해야 하는지를 먼저 따지다 보면 중재는 어려워집니다. 우리 누구나 중재자의 입장이 될 수 있습니다. 가정에서 아이들끼리의 싸움에서, 부모님 간의 다툼에서, 친구들 사이의 갈등에서, 조직원들끼리의 감정싸움에서 우리는 때때로 원치 않더라도 역할상 중재의 입장에 서게 될 때가 있습니다.

이럴 때 보통 우리는 취조와 분석을 통해 판단을 하고 문제 해결을 위해 애를 쓰게 되는데, 정작 이런 식의 접근은 매우 위험한 결과를 초래합니다. 우리도 스스로 옳다고 믿는 기준이 있기 때문에 한 측으로 감정이 쏠릴 수 있고, 문제 해결로만 갈 경우 상처받은 사람들의 마음이 공감되지 않을 수 있기 때문입니다.

그래서 우리는 중재자의 입장에 서게 될 때 다음의 사항들을 점검하며 나아갈 필요가 있습니다.

1. '내가 중재의 입장에 서게 되었고, 그럴 마음이 있는가?'라고 스스로에게 질문해 의도 확인하기
2. 있다면 한 사람씩 만나 이야기를 들어 볼 필요가 있음을 상기하기
3. A의 말을 듣고 공감해 보기(상대를 탓하거나 자신을 탓하고 있는 상황 속에서 자극이 된 부분을 같이 탐색하고 A의 핵심 욕구와 감정만 집중해서 듣기)
4. A가 진정되었다면 B의 의도는 뭐였는지 같이 추측해 보기
5. B의 말을 듣고 공감해 보기(상대를 탓하거나 자신을 탓하고 있는 상

말이 통해야 일이 통한다

황 속에서 자극이 된 부분을 같이 탐색하고 B의 핵심 욕구와 감정만 집중
해서 듣기)

6. B가 진정되었다면 A의 의도는 뭐였는지 같이 추측해 보기

7. A와 B에게 서로 문제를 해결할 방법을 제안할 마음이 있는지 물
어 보기

8. A와 B에게 서로의 핵심 욕구를 말해 주면서 이해하도록 돕기

9. A와 B에게 서로의 핵심 욕구를 채워 줄 방법을 제안해 보라고
권유하기

10. 언제라도 서로를 비난하면 상대의 핵심 욕구를 말해 줄 수 있
도록 지원하기

11. 중재의 역할에서 판단이 올라오면 중재를 멈추고 중재하는 의
도를 확인하기(갈등을 해결할 수 있도록 지원하고자 하는 마음과 연결
하기)

실제로 여러 갈등 국가에서 중재를 해 왔던 마샬 로젠버그 박사는
우리가 살면서 서로의 욕구를 확인하게 되면 갈등이 쉽게 해결될 수
있다고 말했습니다. 우리는 서로 비난하는 것에 빠져 있느라 자신의
욕구가 무엇인지 보려 하지 않습니다. 서로가 비난하는 방식에서 벗
어나 자신이 원하는 것이 무엇인지, 상대가 원하는 것이 무엇인지 찾
으면 우리는 서로가 원하는 것을 모두 이룰 수 있는 방식을 찾아갈 수
있는 존재임을 확인하게 됩니다.

만약 우리가 어려움을 겪는다면 쉽게 누군가를 비난할지 모릅니

다. "저 사람 때문에 내가 힘들게 되었어"라고 말입니다. 그러나 만일 우리가 원하는 것을 채울 수 있는 방법을 알게 된다면 우리는 아마 비난을 멈추고 우리가 원하는 것을 하려고 할 것입니다. 중재는 그리 크고 어려운 것이 아니라 '어떻게 행동하더라도 우리가 원하는 핵심 욕구를 찾고 우리 모두의 핵심 욕구가 충족될 방법을 찾아가는 과정'이라고 말할 수 있을 것입니다.

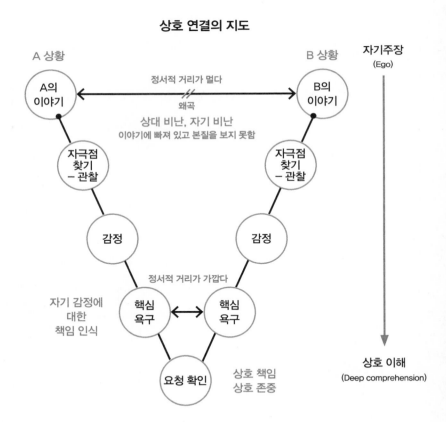

상호 연결의 지도

말이 통해야 일이 통한다

욕구란 인간 모두가 공유하고 이해할 수 있는 힘입니다

회의 시간에 조는 행위는 용납할 수 없지만, 그에게 지금 '휴식'이 정말 필요하다는 점에는 동의할 수 있을지 모릅니다. "회식에 참여하지 못하겠다"는 말에는 동의할 수 없어도 급히 돌볼 가족에 대한 그의 '사랑과 돌봄'이라는 욕구에는 동의할 수 있을지 모릅니다. 상사의 폭언과 압력에는 굴복하기 싫어도 그에게 중요한 '협조'라는 단어에는 동의할 수 있을지 모릅니다. 부하 직원의 따박따박 말대답은 거슬리지만 그에게 필요한 '공정성과 평등한 대우'라는 말에는 동의할 수 있을지 모릅니다. 상사에게 종종 웃으며 커피를 건네는 동료를 편안하게 보기는 어렵겠지만 그에게 필요한 '인정'이라는 욕구는 이해할 수 있을지 모릅니다.

우리의 모든 움직임의 동력은 핵심 욕구입니다. 갈등은 핵심 욕구를 채우려는 방법이 서로 조화롭지 않게 이루어지기 때문에 일어나는 것입니다. 내가 동의하지 못하는 방식으로 무언가를 충족하려는 상대의 시도가 우리에겐 꼴 보기 싫습니다. 어떤 경우는 위험해 보입니다. 어떤 경우는 옳지 않아 보입니다. 그게 우리의 갈등이 됩니다.

다시 돌아와 보겠습니다. 우리는 수단, 방법에 대해 판단하고 분석하느라 더 깊이 있는 그 동력인 핵심 욕구를 보지 못합니다. 핵심 욕구를 파악하고 발견할 때에만 우리의 갈등이 해결되고, 갈등을 넘어 협력으로 가게 되며, 그것이 성장으로 이어지는 힘이 됩니다.

우리는 앞서 다룬 것처럼 '휴식', '사랑', '돌봄', '협조', '공정성',

'평등한 대우', '인정'과 같은 욕구 자체는 이해할 수 있습니다. 상대가 그런 것들이 중요하다고 말할 때 이해할 수 있습니다. 우리도 살면서 그런 욕구들이 필요하기 때문입니다. 갈등은 이런 욕구를 찾은 후에야 해결될 수 있기 때문에 깊은 공감을 필요로 합니다. 공감을 통해 우리가 욕구를 발견하면 그 욕구를 충족할 수단, 방법을 절충해 나갈 수 있기 때문입니다.

몇 개월 전 저는 한 기업의 중역으로부터 다음과 같은 아주 짧은 내용의 이메일을 받았습니다.

> "박 선생님, 저는 중요 인사 영입을 위해 뉴저지에 와 있답니다. 일종의 협상이 필요해서 비행기 안에서 내내《협상의 10계명》(전성철 · 최철규, 웅진윙스, 2009)이라는 책을 읽었는데요, 책을 펴는 순간 깜짝 놀라 씩 웃었습니다.
> '제1계명 요구에 얽매이지 말고 욕구를 찾아라.'
> 감사합니다."

저 또한 이메일을 읽으면서 혼자 씩 웃었습니다. 그분이 그 협상을 얼마나 진심을 담아 상대의 입장에서 생각하고, 서로의 욕구를 충족시키며 이루어 가실지 기대가 되었습니다.

대화 연습

1. 이번 주 동안 만나는 사람들의 모든 이야기 속에서 그들이 말하지 못하고 있는 핵심 욕구가 무엇인지 추측해 보세요.

2. 이번 주 동안 행동하기 전에 잠시 멈추고 내가 이 행동을 함으로써 충족하려는 핵심 욕구가 무엇인지 찾고 움직이세요.

상대가 고마움을 표현할 때
현명하게 듣는 방법

"저희 팀원이 교육 시간에 적은 '감사 내용'을 저에게 와서 고맙다면서 말해 주는데 정말 어색해서 죽을 뻔했습니다. 예전에는 누가 저에게 고맙다고 말을 하면 '아닙니다' 하면서 웃거나 '별것도 아닌 걸요. 오히려 제가 고맙지요'라고 하면서 말을 끝냈는데 강사님이 가만히 듣고 있으라고 하시니 참 난감했습니다.

교육을 마치고 나서 제가 그동안 누군가로부터 고맙다는 표현을 들을 때 얼마나 거짓으로 위선을 떨어 왔는지 알게 되었습니다. 실제로 속으로는 '그래, 이제 내가 얼마나 잘했는지 알겠냐?'라는 마음일 때가 정말 많았습니다. 또 가끔은 '아, 난 이런 말을 들을 자격이 없는데'라는 생각 때문에 힘들기도 했고요. 아무튼 결과적으로 저는 누군가로부터 고맙다는 말을 잘 들을 수가 없었습니다.

그런데 배운 대로 반응하면서 들어 봤더니 좀 다른 점이 있더군요. 저 자신에 대해 정말 뿌듯해지면서 상대에게 진짜 고마워졌어요.

저희 팀원이 저한테 해 준 말은 이런 것이었습니다.

'팀장님, 지난번 제가 지시받은 일을 제대로 못해서 팀장님이 상무님으로부터 좋지 않은 말씀을 들으셨다고 전달받았습니다. 그 일이 있고 나서 사실 제가 정말 마음이 좋지 않았습니다. 그런데 팀장님께 제가 죄송하다고 말씀드렸을 때 괜찮다고, 누구나 실수할 수 있다고 하시면서, 그런 것까지 감당하는 게 팀장 자리라고 하셨습니다. 저는 그 말을 듣고 팀장님께 정말 죄송하면서도 감동했습니다. 제가 이곳에서 안심하고 일할 수 있다는 마음이 들었고, 또 정말 열정적으로 일하고 싶은 마음까지 들었습니다. 그렇게 해 주셔서 고맙습니다. 저도 리더의 자리에 오를수록 팀장님의 말씀을 기억하고 그런 리더가 되도록 노력하고 싶습니다.'

저는 이 말을 듣고 제가 그런 말을 했다는 것을 다시 상기할 수 있었습니다. 구체적으로 말이지요. 그리고 우리 팀원들에게 배운 대로(위선을 떨지 않고, 부인하지 않고, 끝까지 그 말을 듣고 소감을 말해 주기) 말해 보았습니다.

'그래, 박 부장. 그때 내 마음을 알아줘서 고맙다. 그리고 내 말이 박 부장한테 도움이 되었다니 나도 기쁘다. 그런 마음을 나에게 말해 주니 나도 나 자신이 좀 뿌듯하네. 고맙다. 앞으로도 우리 잘해 보자.'"

잘 받아 주는 것은 또 다른 방식으로 잘 주는 것입니다

"고맙다"는 말을 우리는 잘 받지 못합니다. 우리 자신에 대해 열등감이 있어서일 수도 있고, 우리 자신에 대해 우월감을 느껴서일 수도 있습니다. 심리학자 아들러는 우리가 누군가에게 은근히 우월하게 보이거나 과시하고 싶어 하는 것은 결국 우리 자신이 스스로 굉장한 열등감에 빠져 있는 것과 같다고 말했습니다. 우리가 자신에 대해 건강한 자존감을 유지하는 힘은 외부에서 주어지는 것이 아니라 우리 자신이 스스로에게 만들어 주는 것입니다. 그래서 누군가 감사를 표현할 때 우리는 그런 우리의 자존감을 바탕으로 담담하게 그 마음을 나눌 수 있습니다.

만약 누군가 고맙다고 이야기하거든 손사래를 치며 거절하기보다 그냥 한번 들어 보시기 바랍니다. 그리고 "그렇게 이야기해 주어서 고맙다"고 말해 보시면 좋겠습니다. 우리는 스스로가 평가한 것보다 꽤 괜찮은 사람이기 때문입니다. 우리가 스스로에 대해 이렇게 받아들일 때 상대에 대한 고마운 마음도 잘 나눌 수 있습니다. 그래서 고마운 마음을 나누는 것은 그 마음을 잘 주고받는 것이 됩니다. 잘 받아 주는 것은 그래서 잘 주는 것이 됩니다. 고마운 마음을 잘 받아 주는 것은 상대의 마음을 잘 받아 주는 것이고, 그것은 상대에게도 기쁨으로 돌아갑니다.

열등감과 우월감을 넘어 그저 나 자신을 사랑하십시오

저는 우리가 스스로에 대해 부족하고 잘못된 부분에 얼마나 치중하는지 알았으면 좋겠습니다. 우리 스스로 '난 좀 부족해. 난 한참 멀었어. 이 과장 좀 봐. 나보다 낫잖아'라고 생각할 때 우리가 얼마나 비참

말이 통해야 일이 통한다

하고 위축되는지 알았으면 좋겠습니다. 또한 우리 스스로 '난 좀 대단해. 적어도 이 과장보다는 내가 낫지. 난 저 상사보단 나아'라고 생각할 때 우리가 얼마나 고립되고 외로워지는지 알았으면 좋겠습니다.

우리 자신에 대한 열등감과 우월감에서 빠져나와 나 자신을 사랑하는 것이 얼마나 중요한가를 알았으면 좋겠습니다. 그때 우리가 우리의 역량을 얼마나 크게 발휘할 수 있는 존재인지 꼭 깨달았으면 좋겠습니다.

대화 연습

- 만일 누군가가 우리에게 고마운 마음을 표현하거든 우리는 다음과 같은 점들을 생각하며 의식해 보았으면 좋겠습니다. 그래서 스스로에 대한 사랑을 확인하고, 조직에서 좀 더 자신에 대한 힘을 공고히 해 나갔으면 좋겠습니다.

1. 거짓된 위선이나 열등의식에서 벗어나겠다고 생각해 보세요.
2. 나 자신에 대한 당당함을 인식해 보세요.
3. 상대의 말을 끝까지 침묵으로 들어 보세요.
4. 상대의 말을 다시 반복하며 축하해 주세요.
5. 말해 주어 고맙다고, 들어 주어서 기쁘다고 말해 주세요.

Chapter

7

갈등을 예방하고
해결할 수 있게
말하기

우리는 정직하게 말하면 상대가 불편해할까 봐 참다가
오히려 불편한 관계가 되고 마는 경우를 경험하곤 합니다.
그런 불편함을 줄이고 서로 진심이 오고 가는 대화를 하기 위해서
용기를 내어 정직해질 필요가 있습니다.

우리는 대화를 통해, 서로가 원하는 바를 상대에게 표현합니다. 그리고 종종 상대와의 관계를 통해 서로 각자의 욕구를 충족하고자 하는 마음을 갖게 됩니다. 그리고 이런 대화를 통해 우리는 갈등을 크게 겪기도 하고 갈등을 예방할 수도 있게 됩니다. Chapter 7과 8에서는 어떻게 제안하면 서로의 관점을 모두 배려하면서도 자신이 원하는 것을 표현하고 해결을 해 나갈지에 대한 대화의 방법에 대해 다루어 보고자 합니다.

구체적 대화의 방법을 다루기 전에, '서로의 핵심 욕구에 대한 나의 관심도'를 표로 보면서 자기 자신에 대해 셀프 체크(self-evaluation)해 볼 수 있습니다.

서로의 핵심 욕구에 대한 "나의 관심도"

낮다 ——— 상대방의 핵심 욕구에 대한 나의 관심도 ——— 높다

	낮다	높다
낮다 나의 핵심 욕구에 대한 나의 관심도 **높다**	1. 서로에 대한 무관심과 의무감 • 무기력하고 수동적임 〈의무적 영역〉	2. 착한 사람 콤플렉스 • 외부 인정에 대한 집착 • 창의성 저하 〈자기 포기 영역〉
	3. 자기기만과 권위주의 〈이기적 영역〉	4. 상호 존중과 상호 동의에 기반한 해결(win-win) 〈능동적 선택 영역〉

우리는 이 그림을 통해 볼 수 있듯이, 행위만으로는 저기에서 내가 어떤 위치에서 갈등을 예방하고 해결하려고 하는지 알 수 없습니다. 그 행위를 왜 하는지에 대한 자신과 상대의 핵심 욕구를 알 때에만 가능합니다.

예를 들어, 하게 될 행위가 '팀원들과 함께 야근할 상황'이라면, 행위 자체는 모두 동일하겠지만 몇 번의 영역에서 야근하고 있는지는 셀프 체크를 통해 좀 더 살펴볼 필요가 있습니다.

1번 〈의무적 영역〉 – '위에서 시키니까 하고, 나와 팀원들은 그게 의무니까 한다.'

상대의 의도가 무엇인지 알고 싶지도 않고 내가 하는 의도도 중요치 않습니다. 그것이 내 위치고 내 역할이니까 하는 것입니다. 하지만 이 영역에서 '내가' 일을 했다면 주어진 만큼만 하며 그 역량은 최소치로 발휘될 가능성이 크게 됩니다.

2번 〈자기 포기 영역〉 – '상사는 이 일을 잘 해내야 우리가 잘된다고 믿고 있고 리더로서 이 일에 대한 책임과 존중도 중요하기 때문에 우리에게 맡겼다. 그리고 우리 팀원들의 입장을 고려해서 내가 하기 싫고 원치 않더라도 그게 중요한 것은 아니다. 상사가 원하는 대로 맞춰줘야 내가 인정을 받을 수 있다.'

언제나 상대의 욕구에만 주의를 집중하고 정작 내 자신의 욕구에 대한 관심은 무척 낮기 때문에 즐거움이 없이 복종의 마음으로 하게 됩니다. 그래서 이 영역에서 '내가' 일을 한다면 끊임없이 상사의 눈치를 보고 해답을 찾으려고만 하기 때문에 창의성은 절대적으로 발휘되기 힘들 것입니다.

3번 〈이기적 영역〉 – '상사가 그 일을 시켰지만, 팀원들이 있으니 그들이 좀 하면 된다. 나는 그것을 하기에 지금 너무 피곤하고 쉬고 싶다. 그리고 야근이라니. 나는 이 부당한 고생을 할 이유가 없다. 나는 쉬고 싶기 때문에 상사가 보고 있을 때만 자리에 앉아 있을 생각이다. 일을 망치지 않게 팀원들이 더 할 것이니까.'

상대의 절실함과 의도에는 관심이 없고 오로지 내 자신의 욕구만 중요하게 여기는 영역입니다. 이 영역에서 '내가' 일을 한다면, 우리의 행위에 대해 끊임없이 합리화를 하는 자기기만의 덫에 빠지기 쉬우며 상대는 우리의 모습을 얄미워하게 되고 스스로 이기적인 모습을 지니게 되면서 관계가 고립됩니다.

4번 〈능동적 선택 영역〉 – '우리 상사와 팀원들은 야근을 통해 우리가 함께 협력해서 무언가를 성취하고 이루어 내길 바라는 것 같다. 그리고 나에게도 그런 욕구는 중요하다. 다만 난 오늘 아버지 생신이라서 가족들의 행사에 참여함으로써 자식으로서 부모님께 정성을 표현하고 싶고 축하도 나누고 싶다. 그래서 3시간으로 예정하는 야근 시간을 2시간으로 줄이자고 제안하고 만약 부족한 부분이 있다면 집에 가서 좀 더 마무리해서 결과물을 갖고 오자고 제안하겠다. 또한 좀 늦더라도 내 욕구인 가족의 행사에도 참여하길 바란다.'

이 영역에서 '내가' 일을 한다면, 책임감을 갖고 자율적으로 하게 될 수 있으며 창의성과 역량을 최대치로 발휘할 수 있게 됩니다. 언제나 상호 관점을 배려하면서 서로에게 유익한 방법과 해결이 무엇인지 고민하고 제안하고 찾아갈 수 있게 됩니다. 무언가를 행동하거나 선택하기 이전에 이 방법이 우리 자신에게 가장 도움이 되는지, 우리 자신을 둘러싼 조직이나 동료들에게도 도움이 되는지 고려하는 것이야말로 가장 효율적이고 최대치의 만족을 갖고 온다는 사실을 우리는 깨달을 필요가 있습니다.

잠시 생각해봅시다. 가족 중 한 명, 혹은 조직에서 한 명을 떠올려 보세요. 그 사람과의 작은 갈등을 떠올려 보세요. 그 사람과 갈등에 싸였을 때 우리 자신은 몇 번의 영역에서 갈등을 해결하고자 했나요? 만일 4번이 아니라면, 4번으로 가기 위해선 우리는 무엇을 할 수 있을까요? 만약 여러분 중 2번에 계신 분이 있다면 앞으로는 자신의 욕구에도 귀를 기울여야 할 필요가 있습니다. 그래야만 우울하지 않고 생동감이 있고 능동적으로 선택하며 살아갈 수 있기 때문입니다. 만일 3번에 있다면 앞으로는 상대의 욕구에도 귀를 기울여야 할 필요가 있습니다. 그래야 상대는 나와의 관계 속에서 진정한 협력자가 되어줄 수 있으며 우리는 건강한 사회적 관계와 성과를 맛볼 수 있고 무엇보다 우리가 진정 행복해 질 수 있기 때문입니다.

우리는 Chapter 7, 8에서 상대와 진정한 상호 win-win할 수 있는 결과를 위해서 4번의 영역에 목표점을 맞추고, 어떻게 관계를 맺고 대화를 나누어 볼 수 있을지에 대해 다루어 보도록 하겠습니다.

Chapter 7 갈등을 예방하고 해결할 수 있게 말하기

대화 도중 대화를 끝낼 필요가 있을 때
말하는 방법

"저는 회사 안에서 일하기보다는 주로 외부 근무가 많은 일을 합니다. 그러다 보니 거래처와의 약속이 줄지어 있을 때가 많아요. 그런데 대화를 나누다 보면 제 입장에서 대화를 먼저 정리하기가 힘들 때가 종종 있습니다. 다음 약속이 밀리면 그다음 약속도 밀리게 되는데 그러다 보면 초초해질 때가 있어요. 그래서 좀 여유를 두고 약속을 잡는 편입니다.

그래도 어떤 경우에는 그런 조절이 힘들 때가 있어요. 그때는 저도 모르게 상대가 말하는 중간에 끼어들어 말을 정리하거나, 자세를 고쳐 앉거나, 시계를 자주 보거나, 짐을 하나씩 정리하면서 사인을 드리는데 어떤 분들은 좀 불쾌한 반응을 보이셔서 곤혹스러울 때가 있습니다. 또 계속 자기 하던 이야기를 꿋꿋하게 하시는 분들도 계시고요. 그래서 배운 대화의 방법을 한번 적용해 보기로 했습니다. 그 대상은 어려움이 좀 덜한 대상으로 선택하라는 선생님의 조언을 따랐습니다.

그날은 개인적인 친분이 있는 거래처 사장님과 만나는 날이었습니다. 그래서 대화를 시작하기 전에 배운 대로 말했습니다.

→ '사장님, 오늘 제게 한 시간을 내주셨는데 제가 그렇게 알고 있으면 될까요?'

사장님은 '네, 그렇죠'라고 말씀하셨고 우리는 대화를 시작했습니다. 그런데 40분이 지나가자, 저는 슬슬 초조해지기 시작했습니다. 거래처 사장님이 반가우신지 자녀 이야기부터 개인적인 이야기까지 하시느라 정작 나눠야 할 업무 이야기를 나누지 못했습니다. 저는 사장님께 용기를 내어 말했습니다. 이전에 배운 '사람은 누구나 가능한 방법을 찾아 상대를 돕고 싶어 한다'는 말을 되뇌어 본 후에 말입니다.

→ '사장님, 오랜만에 뵙고 개인적인 이야기를 나누니 정말 즐겁습니다. 제가 지금 더 나누고 싶은 마음도 있고 다음 약속 시간을 잘 지키고 싶은 마음도 있는데요. 남은 20분 동안 편안하게 지금의 이야기를 더 나눌까요? 그리고 업무 이야기는 사장님이 시간이 되시면 내일 3시경 다시 제가 와도 좋습니다. 사장님은 어떤 것이 편안하실까요?'

사장님은 '아, 시간이 그렇게 되었나? 반가워서 몰랐네요. 그럼 일 얘기 얼른 합시다'라고 말씀하셨습니다. 저는 용기 내어 말하는 것의 힘을 경험했습니다. 또한 우물쭈물 말 못하고 시계만 보며 상대에게 오해를 불러일으키는 것보다 훨씬 효과적이라는 것도 깨달을 수 있었습니다."

명확한 자기표현은 상대에 대한 배려이기도 합니다

급히 나가야 하는데 차 키가 없습니다. 그때 만약 아이가 이야기를 하겠다며 다가온다면 어떨까요? 여유 있게 들어 주며 의견을 말하기란 쉽지 않을 것입니다. 회사에 빨리 출근해야 하는데 유치원에 가기 싫다고 우는 아이를 달래기는 정말 어려운 일입니다. 비즈니스 관계에서 을의 입장일 때 갑에게 먼저 일어서겠다는 말을 하긴 참 어렵습니다. 팀원들끼리도 한번 시작한 대화를 중간에 시간이 다 되었다며 일어서야겠다고 끊기란 쉽지 않습니다.

우리는 이럴 때 명확하게 말하기보다는 "넌 왜 바쁠 때 이러니?"라고 하며 상대를 비난하거나, 속으로 다른 생각에 빠져 상대에게 눈치를 주거나, 시계를 보거나 옷매무새를 다듬거나 전화기를 만지거나 다른 곳을 보는 등의 비언어적인 행동으로 표현하기 쉽습니다. 그러면 상대는 뭔가 다른 분위기임을 감지하고 대개는 먼저 말을 꺼냅니다.

"시간이 이렇게 된 줄 몰랐네요. 일어설까요?"

이렇게 말하고 돌아서면 둘 다 마음이 편치는 않게 됩니다. 그래서 만약 누군가와 이야기를 할 예정이라면, 먼저 대화를 시작할 때 가능한 시간에 대해 서로 명확하게 확인하는 것이 필요합니다.

"선생님의 시간을 효율적으로 사용하시도록 제가 배려하고 싶은데, 지금 얼마큼의 시간을 저에게 내어 주실 수 있을까요?"

말이 통해야 일이 통한다

"저는 한 시간 정도 예상하고 왔는데 괜찮으실까요? 어떠신가요?"

"엄마가 정해진 시간에 회사를 가야 하니까 3분은 들어 줄 수 있어. 아니면 퇴근 후에 여유 있게 들어 줄 수도 있고. 둘 중 어떤 방법을 원해?"

"약속을 정할 때 저에게 30분 시간을 주실 수 있다고 하셔서 제가 이후에 다음 약속을 잡았는데 괜찮으신가요?"

그리고 만약 서로 확인한 시간보다 상대의 말이 길게 늘어질 때는 지금 대화를 더 나눌 것인가, 중단할 것인가를 스스로 선택을 해야 합니다. 꼭 중단할 필요가 있다고 생각된다면, 우선 상대의 마음을 읽어 주고 나서 내 마음을 표현합니다. 그리고 상대에게 제안합니다.

"사장님이 지금 해 주시는 말씀은 저에게 필요하고 도움이 되는 말씀이죠? 저도 그렇게 생각합니다."

"그래서 저도 계속 듣고 싶습니다. 다만 제가 다음 약속도 잘 지키고 싶은 마음이 있어서 초조한 마음이 동시에 있어요."

"우리가 하던 이야기를 더 하기 위해서 제가 내일 다시 찾아뵈면 어떨까요? 사장님이 편하신 시간을 말씀해 주시면 내일은 제가 여유 있게 시간을 준비해서 다시 오도록 하겠습니다. 사장님 생각은 어떠십니까?"

'짐작하기'보다는 '확인하기'를 믿어 봅시다

우리는 상대를 과도하게 배려하려고 하거나, 혹은 내적인 두려움 때문에 자신이 원하는 것을 잘 표현하지 못하곤 합니다. 그러나 '말해 봐야 소용없어', '그렇게 말하면 더 싫어할 걸?'이라고만 생각했던 상대가 우리의 말을 듣고 다른 반응을 보이는 경우를 많이 보게 됩니다. "그랬구나. 진작 말을 하지", "그럼 그렇게 하자. 몰랐는데 말해 줘서 고맙네"라는 반가운 반응 말입니다.

우리는 정직하게 말하면 상대가 불편해할까 봐 참다가 오히려 더 불편한 관계가 되고 마는 경우를 경험하곤 합니다. 특히 긴장감이 느껴지고 어려운 비즈니스 관계에서 우리의 초조하고 불안한 감정이 상대에게 불쾌함으로 전달되어 그가 오해하고 헤어지는 경우도 많이 경험하게 됩니다. 그런 불편함을 줄이고 서로 진심이 오고 가는 대화를 하기 위해서 우리는 용기를 내어 정직해질 필요가 있습니다.

대화 연습

- 정서적으로, 관계적으로 가장 먼 사람을 대상으로 연습해 보세요.
- 점차 가까운 사람과 어려운 사람에게 적용해 보세요.

거절하고 싶을 때
서로를 보호하며 말하는 방법

"저는 평소에도 거절을 잘 못하지만, 특히 직장에선 더 그랬습니다. 사실 상사의 말에 거절을 한다는 것은 불가능한 일이기도 했고요. 거절을 잘 못하다 보니 제 삶은 정말 피곤해졌습니다. 상대가 알아 주기는커녕 더 요구하더라고요. 직장에서도 가정에서도 그건 마찬 가지였습니다.

교육을 통해 제 삶을 돌아보게 된 후로 저는 거절을 하지 못하고 억 지로 뭔가를 하는 것이야말로 비효율적이고, 서로에게 비참하다는 것을 알게 되었습니다. 그래서 작은 요청에 대한 거절을 해 보기로 결심했습니다. 거절하는 말을 연습할 대상으로는 권고 사항대로 직장에서보다는 편안하고 먼 관계의 사람을 정했습니다. 간단하게 는 식사 자리에 가서 점원이 안내하는 자리 말고 제가 원하는 자리 에 앉기 위해 거절을 하기 시작했습니다. 그러면서 거절한다고 해 서 상대와의 관계가 단절되는 것만은 아니라는 것을 배울 수 있었습니다.

이제는 직장에서도, 상사 앞에서도 상대가 지시를 하는지, 요청을 하는지 구별할 수 있게 되었습니다. 그리고 지시가 아니라 요청이 분명한 경우에는 조금씩 거절을 해 보고 있습니다. 제가 걱정했던 불이익은 없었습니다. '진작 해 볼 걸' 하는 아쉬움이 남습니다. 거절이 단순하게 '노'를 말하는 것으로 끝나는 것이 아니라 다른 방식으로 상대와 연결된다는 것을 이해하고 나니 직장에서도 조금씩 거절을 말하고 있습니다. 물론 그것도 제 선택이라는 점이 무척 인상적이었습니다. 지금은 제 팀원들에게도 설명해 주고 진심으로 원하는 것을 말해 달라고 부탁합니다."

거절은 더 진정성있는 관계가 되기 위한 촉진제와 같습니다

조직에서의 침묵 현상은 주로 리더가 이끌어 냅니다. 혼자서 결론을 내어놓고 질문을 할 때 우리는 상대의 의견을 잘 듣지 못합니다. 또 쉽게 비난합니다. "그것을 지금 의견이라고 내놓나?"라고 하면서 말입니다. 그러나 이렇게 말한 대가로, 리더는 자신이 팀원들과의 관계를 통해서 충족하길 원하는 효율성과 창의성은 결코 끌어내지 못하는 결과를 경험하게 됩니다.

만일 상대에게, 부하 직원에게, 상사에게 더 발전적이고 다양한 의견을 듣고자 한다면 우리는 거절을 들어야 하고, 말할 필요가 있습니다. 조직에서의 열린 소통은 거절과 다른 제안을 얼마나 자유롭게 주고받는지의 여부에 달려 있습니다.

왜 거절하지 못하는지를 물어보면 대개 이렇게 답합니다.

"조직에서 불이익을 당하게 될까 봐."
"상대가 상처를 받을까 봐."
"좋은 사람이고 싶어서."
"습관이 되어 있지 않아서."

이런 이유들로 우리는 자신에게서 중요한 사항이나 가치에 귀를 기울이지 못하고 굴복하거나 마지못해 행동하게 됩니다. 하지만 조직에서의 요청 앞에서 자신에게 중요한 다른 제안, 대안이나 반대의 의견을 이야기하는 것은 상대의 존재를 거부하거나 무시하는 것이 아니라 서로의 성장을 도모하는 힘이 됩니다. 그래서 거절은 꼭 필요한 소통의 수단입니다. 우리는 기억할 필요가 있습니다. 우리가 거절하는 것은 서로의 성장에 기여하는 하나의 방식이라는 사실 말입니다.

"저희 팀과 협업을 해야 하는 다른 팀에서는 자꾸만 저를 찾아 일을 부탁합니다. 저는 저희 팀의 일만으로도 정말 머리가 터질 것 같은데 말이지요. 물론 우리가 그 팀과 협업을 해야 한다는 걸 부인하는 것은 아닙니다. 다만 저에게도 여유라는 게 필요합니다. 그런데 저는 속으로는 부아가 치밀어도 다른 팀의 상사가 부탁하는 것을 거절할 수가 없었습니다. 문제는 그 일이 꼭 제 일이 아니고, 저 말고도 다른 사람들도 가능한 일이었다는 겁니다.

저는 배운 방식대로 도전해 보았습니다. 우선 제 마음은 거절이었습니다. 그리고 거절을 하고 싶은 제 마음속의 핵심 욕구에 대해서 생각해 보았습니다. 저는 시간이 좀 필요했고, 그런 상황을 이해받고 싶었습니다. 또 정말 제가 아니더라도 다른 가능성이 없는지에 대해 고민해 주는 배려도 중요했습니다. 그래서 그 팀장님이 저에게 와서 '박 과장님, 내일까지 이 일을 좀 처리해 주실 수 있을까요?'라고 하셨을 때 이렇게 말했습니다.

'팀장님, 이 일에 대해 도움이 필요하시죠? 도움이 필요하신 마음이 이해가 됩니다. 지금 저도 조금 이해가 필요한데요, 제가 하던 일을 처리하기까지 시간이 조금 걸릴 것 같습니다. 팀장님의 일이 급하면 저 대신 처리해 줄 사람이 있는지 생각해 봐 주실 수 있을까요? 만일 있으시면 그리하시고, 없으시다면 저에게 하루 정도 시간을 더 주시겠어요? 그러면 팀장님과 저에게 중요한 모든 것을 처리할 수 있을 것 같은데, 팀장님 생각은 어떠세요?'

팀장님은 거절에 대한 교육을 받으셔서 그런지 제 마음을 충분히 이해해 주셨고, 이번 일은 제가 아닌 다른 사람에게 요청하겠다고 말씀하셨습니다. 저는 솔직히 개운치는 않았지만 저 스스로가 선택한 말에 대해 책임을 지고 싶었습니다. 그리고 제게 중요한 일을 정말 잘 처리해야 할 책임감도 느꼈습니다.

직장이라는 곳에서 거절이 쉽진 않지만 거절할 때 일이 더 잘 처리되고 효율적일 수 있다는 점을 배울 수 있었습니다. 물론 팀장님께 나중에 그 일이 잘 처리되었는지 확인했습니다. 팀장님도 고마워

하셨습니다."

누군가의 요청을 거절하는 것에는 용기가 필요합니다. 상사라면 더 힘들 것이고, 부하 직원이나 동료라도 쉽진 않습니다. 애정이 있거나 친분이 깊다면 용기를 내기란 더 어려운 일입니다.

하지만 용기는 다른 사람으로부터 대여가 가능하지 않습니다. 우리는 우리 자신으로부터만 용기를 꺼내어 사용할 수 있습니다. 우리가 만일 부모라면 우리 스스로 용기를 꺼내어 사용할 때 아이들도 용기를 내어 살아갈 것이고, 우리가 용기를 내어 말할 때 우리의 부하 직원들도 용기를 내어 일을 할 수 있게 됩니다. 그러기 위해서 거절을 할 때 우리는 다음과 같은 사항을 기억할 필요가 있습니다.

1. 상대가 원하는 핵심 욕구가 무엇이며, 나는 그 절실함을 이해했는가?
2. 거절함으로써 충족하려는 나의 핵심 욕구는 무엇이며, 나는 그것을 말할 용기를 낼 수 있는가?
3. 내가 거절을 하면서도 상대에게 필요한 것을 지원할 수 있는 방법은 무엇인가?('서로의 핵심 욕구에 대한 나의 관심도'에서 4번 영역에 목표를 두기)
4. 대안에 대해서 상대와 함께 대화를 해 보고자 하는가?

진정한 '예스'가 상대의 가슴을 움직입니다

교육을 진행하며 물어봤습니다. 만일 동료에게 "나랑 같이 있으면서 한 시간만 도와줄래?"라고 말을 했는데 우물쭈물하며 시계를 보고 잠시 고민을 하더니 그리 밝지 않은 얼굴로 "음…, 그래"라고 말한다면 어떻게 하시겠냐고요. 대부분은 자신이 요청한 것을 거두고 싶다고 말했습니다. 그리고 "아니야. 바쁜 것 같은데 괜찮아. 됐어"라고 하고 싶다고 했습니다.

우리가 누군가에게 요청을 했는데 상대가 진심이 아닌 의무감으로 응한다는 기분이 들면 우리는 우리의 요청을 대부분 거두고 싶어 할 것입니다. 그래서 우리는 잘 알아볼 필요가 있습니다. 과연 '노'라는 말이 우리의 관계에 정말 단절을 갖고 오는지에 대해서 말입니다. 때로는, 아니 꽤 종종 '억지스러운 예스'가 우리의 관계를 단절시키지는 않는지 말입니다. 요청을 들어주고도 비난을 듣거나 고맙다는 반응을 듣지 못해 억울한 적이 있었다면 우리는 생각해 볼 필요가 있습니다. 우리의 의무감이 상대에게 전달되어 고마움이라는 감정을 제거시킨 것은 아닌지에 대해서 말입니다.

우리가 거절하는 힘을 가지고 있어 원치 않을 때 "노"라고 말할 수 있으면, 우리가 언젠가 누군가의 요청을 수락할 때 그것은 진정성을 갖추게 됩니다. 그리고 그땐 즐겁게 들어줄 수 있습니다. 상대도 그것을 원합니다. 우리가 기꺼이, 그리고 즐겁게 자신의 요청에 대해 "네, 해 주겠습니다"라고 말해 주기를 말입니다. 우리가 거절하면 상대는 다른 이에게 요청할 것입니다. 그리고 어쩌면 그 다른 이는 흔쾌히 돕고자 하는 마음으로 '예스'를 할지 모릅니다. 우리가 거절함으로써 상대는 또 다른 누군가로부터 '능동적인 예스'를 들을 수 있습니다. 우리가 거절하지 못하고 마지못해 함으로써 상대의 그런 기회를 박탈하는 것은 아닌지 살펴보아야 합니다.

언젠가 교육을 마치고 교육생들에게 요청을 한 적이 있습니다. 우리는 그날 거절에 대해 다루었습니다.

"제가 오늘 수업을 마치고 이곳을 정리하는 데 도움이 필요합니다. 혹시 김 선생님과 남 선생님이 남아서 저에게 도움을 주실 수 있을까요?"

그분들은 급한 일정을 돌보고 싶다고 거절하셨습니다. 그래서 저는 다른 분들께 질문을 드렸습니다.

"그럼 다른 분들은 어떠신가요? 혹시 남아서 저를 15분 정도 도와주실 수 있는 분들 계신가요?"

그러자 세 분이 남아서 돕겠다고 하셨습니다. 만일 두 선생님이 억지로 남아서 저를 도왔다면 수동적인 자세로 우두커니 서서 "뭘 도와드려야 합니까?"라고 했을지 모릅니다. 그런 불편함을 저는 원치 않습니다. 또한 기꺼이 남아 주신 세 분에 대한 고마움과 서로 간의 깊은 연결감도 경험하지 못했을 것입니다. 남아 주신 세 분은 제가 부탁드린 것 외에도 "더 도와드릴 것은 없나요?"라고 물어봐 주셨습니다.

거절의 진정한 의미는 무엇일까요

위에서 설명한 것처럼, 평소에 거절을 하는 사람이 언젠가 우리의 요청을 수락한다면 그 수락은 믿을 수 있고 진정성이 있습니다. 그리고 조직에서 리더가 어떤 사항에 대해 제안을 했을 때 팀원들이 리더의 제안에 동의하지 않고 다른 의견들을 제안할 수 있다면 우리는 다양함 속에서 성장할 수 있고, 창의적인 방식을 찾아갈 수 있게 됩니다. 그래서 거절의 진정한 의미는 진정성이 있다는 것, 다양성 속에서 창의적인 해결을 한다는 것, 서로에 대한 깊은 신뢰와 열린 소통을 가능하게 한다는 사실입니다.

대화 연습

- 1주차에는 정서적으로 가장 먼 관계의 사람을 대상으로 연습해 보세요.
- 2주차에는 같이 대화를 연습하는 상대와 연습해 보세요.
- 3주차에는 대화를 연습하고 있다는 것을 알고 있는 지인들에게 양해를 구하고 연습해 보세요.
- 차차 용기가 생기면 어렵고 두려운 대상에게 적용해 보세요.

1. 상대의 요청을 끝까지 경청하며 들어 보세요.
2. 상대가 그 부탁을 하기까지 어떤 마음이었을지 생각해 보세요. 상대가 말한 내용을 들은 대로 반복하면서(필요에 따라 유연하게 적용 선택) 상대의 말속에 숨어 있는 핵심 욕구를 분명하게 말해 주세요.
3. 거절을 분명하게 말해 보세요.
4. 거절하고 싶은 나의 핵심 욕구를 말해 보세요.

5. 상대에게 중요하고, 나에게 중요한 핵심 욕구를 모두 만족시킬 수 있는 대

  안을 생각해 보겠다고 말해 보세요.

6. 상대에게 대안을 제시하거나 상대와 같이 대안을 생각해 보세요.

화가 났을 때 자기감정에 책임지고 명료하게 말하는 방법

짜증, 화, 분노라는 감정은 정말 힘듭니다. 우리가 금세 후회하는 방식으로 상대에게 쏟아붓게 하고, 실제로 우리에게도 좋지 않은 결과를 가져다주기 때문입니다. 사회에서 순간의 화를 참지 못하고 쏟아낸 대가로 많은 것을 잃어버리는 경우를 쉽게 볼 수 있습니다. 화는 중독성이 있어서 점점 더 심해집니다. 또 전염성도 강해서 순식간에 주변까지도 냉랭하게 만들어 버립니다. 관계가 점점 냉소적이 되면서 우리는 재물을 잃기도 하고, 명예를 잃기도 하고, 무엇보다 소중한 사람들을 떠나보내기도 합니다.

이런 과정을 경험하면서도 우리는 쉽게 '통제하지 못하는 화'로부터 자유로워지지 못합니다. 왜일까요? 그 이유는 스스로 화를 조절할 수 없다고 생각하거나, 화는 무조건 억누르고 참아야만 한다고 생각하거나, 또는 화를 내야만 원하는 것을 이룰 수 있다고 믿기 때문이지요. 하지만 화를 내면 낼수록 우리가 원하는 것이나 결과로부터 점차 멀어진다는 것을 명확히 이해할 필요가 있습니다.

"저는 정말 열심히, 성실히 일했습니다. 새로 부임한 대표이사만 아니었다면 지금도 그 회사에서 열심히 일했을 것이니까요. 제 직급은 차장이었습니다. 하지만 그 인간은 저를 차장이라 부르지도 않았죠. 언제부턴가 그 인간은 제 이름을 불렀습니다. '김재혁 씨'라고 말이죠. 저는 동료들 보기에도 부끄러웠지만 부하 직원들 보기에는 정말 말할 수 없이 수치스러웠습니다. 하지만 그 인간이 대표이사라는 이유만으로 저는 제 화를 표현하지 못했고 참아야만 했습니다.

그러던 어느 날, 회의를 들어가는데 저를 보더니 '이봐요, 김재혁 씨. 회의 때 차라리 아무 말을 하지 마. 알았어요?'라고 하는 겁니다. 저는 평소에 꾹꾹 참아 왔던 화가 치밀어 올랐고 순간적으로 눈이 돌았습니다. 그리고는 제 손에 들고 있던 서류를 다 던져 버렸습니다. 그날 저는 사표를 썼고 그 회사에서 나와 버렸습니다. 물론 제 방식이 옳다고 생각하진 않습니다. 하지만 그것 말고는 다른 방법을 찾지 못한 것도 사실입니다."(부하 직원의 마음)

"저는 리더로서 정말 화가 날 때마다 미칠 것 같습니다. 화를 내면 마치 무능한 리더인 양 취급받습니다. 그렇다고 부하 직원들이 잘못하는 것을 빤히 보고 있을 수는 없지 않습니까? 게다가 요즘 젊은 사원들은 머리에 든 것만 많아 가지고 따박따박 자기 할 말들을 얼마나 버릇없이 하는지 모릅니다.

저요? 저는 신입 시절에 정말 입 다물고 꾹 참고 일해서 이 자리까지 왔습니다. 불공평하지 않습니까? 저희들은 다 참고 이 자리에 왔는데, 이 자리에 오니 부하 직원들을 감싸 주고 이해하라네요? 그럼 제 안의 이 불 같은 화는 어쩌란 말입니까? 부하 직원들이 잘만 하면 문제가 없죠. 그러면 제가 화를 왜 내겠습니까?"(상사의 마음)

화를 쏟아내는 것은 결코 아무런 유익이 없습니다

우리는 왜 누군가에게 화를 낼까요? 아마도 우리 자신은 잘못이 하나도 없고 상대가 잘못했다고 생각하기 때문일 것입니다. 그래서 상대가 잘못했다는 것을 알려주고 싶어서 화를 내는 것입니다.

그렇다면 우리가 화를 냄으로써 기대하는 결과나 행동은 무엇일까요? 아마도 우리 자신은 아무것도 할 필요가 없이 상대만 바뀌면 된다고 생각하게 될 가능성이 큽니다. 그런데 비극적인 것은 상대도 우리와 똑같이 생각하고 있을 가능성이 큽니다. 조직에선 힘의 논리가 작용하고 있기 때문에 우리가 리더라면 팀원들이 무언가 굴복하는 행동은 할 수 있겠지만 마음속으로는 분노하고 우리가 리더로서 무너져 내리기만을 기다리고 있을지도 모르겠습니다.

화는 우리의 핵심 욕구에 따라 달라지는 감정입니다

잠시 멈추어 보십시오. 우리가 화가 났을 때는 잠시만 멈추면 됩니다. 자리를 피해도 되고, 잠시 침묵하고 눈을 감아도 좋습니다. 왜냐하면 그 침묵의 시간을 통해서 화의 원인을 찾을 수 있기 때문입니다. 그 원인은 우리의 핵심 욕구에 있습니다.

생각해 봅시다. 만약 우리가 고객으로서 부당한 대우를 받았다고 생각되어서 화를 참지 못해 직원에게 언성을 높이고 있는데, 요즘 제일 잘 보이고 싶어 하는 이성에게 전화가 온다면 어떻게 받겠습니까? 아마도 이때 화를 버럭 내면서 그 감정을 계속 유지하는 사람은 거의 없을 것입니다. 순간 중요한 것이 달라지면 우리 감정도 달라지기 때문입니다. 직원과의 관계에서는 '고객으로서의 권리와 존중'이 중요했다면, 이성의 전화를 받는 순간은 그보다 더 우선 되는 '사랑과 관심', '이성에게 잘 보이고 싶은 인정'이라는 핵심 욕구가 드러나기 때문입니다.

우리는 화에 대해서 잘 알아야 할 필요가 있습니다. 또한 이러한 신호를 잘 이해하게 되면 우리가 화라는 감정을 충분히 다룰 수 있다는 사실도 알게 됩니다. 대부분의 사람들은 화를 낼 때 "화를 멈출 수가 없었어"라고 말합니다. 그럼으로써 자신이 화를 낸 것에 대해 더 합리화하고, 스스로 통제 불능의 상태에 빠지기도 합니다.

그러나 화는 우리의 핵심 욕구에 따라 달라지며, 그것은 수시로 바뀌기도 한다는 사실을 알 필요가 있습니다. 즉 화는 우리가 현재 중요하게 여기는 것에 따라 달라질 수 있고 조절될 수 있는 감정입니다. 우리는 스스로 참지 못한다고 말하면서 화라는 감정에 대해 책임을 회피하려고 하는 것이지요.

Chapter 7 갈등을 예방하고 해결할 수 있게 말하기

화는 세 가지 신호입니다

화라는 감정 자체는 무척 소중한 것입니다. 왜냐하면 화는 우리에게 어떤 중요한 것을 알려 주는 신호이기 때문이지요. 그렇다면 화라는 감정은 어떤 신호일까요? 첫째, 내가 원하는 것이 되지 않고 있다는 신호입니다. 둘째, 상대에게 책임을 미루려는 신호입니다. 셋째, 곧 후회할 말과 행동을 하려는 신호입니다.

그렇다면 화를 잘 살피기 위해서 우리가 의식적으로 고려할 사항들은 무엇이며, 어떻게 해야 할까요?

1. 인간관계에선 옳고 그름의 차원으로 해결되지 않는 일이 많습니다.
2. 나에게 중요한 것이 있고, 상대에게도 중요한 것이 있습니다.
3. 서로가 원하는 것의 차이를 볼 필요가 있습니다.
4. 서로가 원하는 것을 절충할 방법을 찾아가는 것입니다.

화가 날 때는 자신의 핵심 욕구에 집중할 필요가 있습니다

우리는 화가 날 때 어떤 수단이나 방법, 즉 요구 사항에 집착할 때가 많습니다. 예를 들어 일을 지시하기 위해 부하 직원의 자리까지 직접 갔는데 그가 자리에 없으면 화가 납니다. 3분을 기다린 후 '근무 시간에 말없이 자리를 비우면 안 되잖아?'라는 생각이 들면 더 괘씸해집니다. '반드시 근무 시간에는 자리에 있어야 한다'고 생각하면서 점점 더 화가 나기 시작합니다.

그런데 그 순간 부하 직원이 자리를 지키고 있어야 한다는 것은 우리 자신이 생각하는 수단을 채우려는 방법일 뿐입니다. 사실 우리에게는 '지금 내가 얼마나 협조가 필요한지 스스로 인식하고, 그 마음을 직원으로부터 이해받는 것'이 우선 될 필요가 있습니다.

만약 그때 직원이 자리로 돌아오며 "화장실도 못 갑니까?"라고 한다면 도움을 받을 수 있는지의 여부를 떠나 화가 더 치밀어 오르게 될 것입니다. 우리의 마음에 대해 이해받지 못했기 때문이지요. 그런데 만일 직원이 "말씀하실 내용이 있어서 오셨을 텐데 제가 화장실에 급히 좀 다녀오느라 자리에 없어서 기다리셨지요?"라고 한다면 어떨까요? 즉시 지시를 하고 도움을 받지는 못했더라도 일단 마음에 대해 이해를 받았기 때문에 화가 가라앉을 확률이 높습니다.

이쯤에서 "그래, 지금 지시할 게 있는데 한 시간 내로 이 자료 오타 검토하고 다시 인쇄해서 나한테 갖고 와 줘"라고 표현함으로 우리의 '협조'라는 핵심 욕구가 충족된다면 아마 화가 싹 가라앉을 것입니다.

그렇다면 화를 건강하게 표현한다는 것이 무엇일까요? '상대가 잘못한 것이 무엇인가?'라는 생각에서 벗어나 다음 사항을 고려해 의식하고 표현해 보는 것입니다.

1. 나에게 지금 중요한 것(핵심 욕구)은 무엇인가?
2. 그것을 위해 나는 무엇을 요청할 것인가?
3. 그것이 내가 원하는 것으로(원치 않는 것이 아니라) 표현되고 있는가?
   예) "자리 비우지 마."(×)

→ "근무 시간에 자리를 비울 땐 미리 알려 줘."(○)

(Chapter 5의 'Expression 1 내가 원하는 것을 요청하는 방법'에 대한 내용을 참조하면 좋습니다.)

대화 연습

• 가장 가까운 관계의 사람들과 일주일간 연습해 보세요.

예) 자리를 자주 비우는 부하 직원

1. 화가 나는 순간을 알아차리세요.

2. 그 즉시 15초 침묵하고, 자리를 피해 강도에 따라 3 – 15분 동안 "자기 대화"하세요.

3. 지금 이 순간 내 몸이 어떻게 반응하는지 살펴보세요.

(땀이 난다. 심장이 뛴다. 열이 오른다.)

4. 지금 이 순간 내 감정이 어떤지 바라보세요.

(화가 난다. 긴장이 되고 걱정된다.)

5. 지금 이 순간 나에게 중요한 욕구가 무엇인가 찾아보세요.

(협력과 도움을 받고 싶다. 업무시간에는 예측가능하면 좋겠다.)

6. 내가 원하는 것을 만족시키기 위해 무엇을 요청할 것인지 생각해 보세요.

(자리를 비울 때는 돌아올 시간을 적어 놓는다. 꼭 필요한 일인지 스스로 생각하고 난 후 자리를 비우기를 바란다.)

7. 상대가 해 줄 수 없다고 말하면 어떤 대안을 선택할 것인지 생각해 보

세요.

(만일 또 자리에 없다면-우선은 다른 직원에게 부탁하겠다. 그리고 돌아오면, 조직에서 서로 협조하고 함께 무언가를 협력할 필요가 있을 때, 각자 자신의 일에 대한 책임과 역할을 어떻게 잘 수행할 수 있는지에 대해서 의견이나 방법을 말해보라고 묻겠다.)

두려운 마음이 들 때
의견을 말하는 방법

인간적인 '애정'을 회복하십시오

"저는 상무님이 두렵기만 했습니다. 가끔 회식 때 오셔서 술도 주시고, 자유롭게 앉아서 편안한 분위기를 주도하시면서 직장 생활에서 힘든 점도 들어 주시는데도 저는 그분 앞에서 제 의견을 말한다는 것이 상당히 부담스럽기만 했습니다.

그런 중에 상무님이 자녀 이야기를 하신 적이 있습니다. 아들이 야구단에서 상을 받게 되었는데 어린 시절에 아들을 데리고 캐치볼을 정말 열심히 해 주었다는 말씀이었어요. 저는 상무님을 상무라는 직책에서 잠시 벗어나 아버지로서 보게 되었습니다. 저도 아버지가 계시기 때문에 상무님을 아버지로서 보는 것은 어렵지 않았습니다. 그리고 그 순간만큼은 상무님이 어렵지 않고, 굉장히 가깝고 친근한 아버지같이 느껴져서 좋았습니다."

"저희 팀장님은 정말 깐깐한 사람입니다. 사람이 인정도 있어야 하는데 너무 쪼아 대니 숨을 쉴 수가 없었어요. 그분 앞에선 웬만큼 준비해서 이야기하지 않으면 구박받기 일쑤입니다. '이 정도도 확인하지 않고 말하는 거야?'라고 말이죠. 제가 준비해도 팀장님이 준비하신 걸 따라갈 수가 없기 때문에 그분께 무슨 말을 하기가 정말 어려웠습니다.

그런데 저희 팀장님이 어려서부터 매우 엄격한 아버지 밑에서 자라서 완벽주의에 가깝게 교육을 받으며 굉장히 괴로웠다는 말을 하는 걸 들었습니다. 스스로에게나 부하 직원, 자녀들에게는 그렇게 하지 않으려고 하는데 잘 안 된다면서 그럴 때 마음이 아프다는 이야기를 했습니다. 그런 개인적인 이야기를 교육에서 듣게 되어서 정말 다행이라고 생각합니다. 저는 그 순간 밉기만 했던 팀장님이 조금 안돼 보인다고 생각하게 되었습니다. 좀 고급스럽게 말하자면, 연민이 올라오고 인간적인 애정도 좀 생기는 것 같더라고요. 왜 저희들에게 그러셨는지도 이해가 되니까 그렇게 괴롭지만은 않아졌습니다."

가만히 바라보며 '애정을 회복하는 것'이 가장 중요합니다

두려운 대상을 사랑하기란 매우 어렵습니다. 그러나 충분히 가치 있는 일임이 틀림없습니다. 누군가를 깊이 이해한다는 것은 편안하고 좋은 사람을 받아들이는 것 이상의 것입니다. 어렵고 두렵고 불편한 사람을 한 '인간적 존재'로 바라본다는 의미이기 때문입니다. 가만히 주의를 집중해서 상대를 관찰하다 보면 그를 한 인간으로서 보게 됩니다. 그가 상사라도, 나보다 힘이 있어도, 재력이 뛰어나도, 명예가 커도 그저 한 사람으로 느껴질 때에만 우리는 애정을 느낄 수 있게 됩니다.

가만히 상대를 관찰하면 아주 여린 모습이 보입니다. 그 여린 모습이 진정한 그의 인간적인 모습입니다. 그 모습을 기억해 두십시오. 그러면 어려운 순간에 그에게 내 의견을 말하기가 조금은 수월해질 것입니다.

내면의 '용기'를 발견하십시오

"저는 상무님에 대한 애정이 좀 느껴지고 나니까 그 후 조직에서 뵙게 되면 피하지 않고 먼저 다가가거나, 혹은 뛰어가서 붙잡고 인사를 드리게 되었습니다. 그러자 상무님도 좀 좋아하시는 것 같아서 더 용기가 생기기 시작했습니다. 사실 그동안은 멀리서 뵙게 되면 슬쩍 피하기 일쑤였습니다. 하지만 인간적인 모습에 대해 확인하고 나니 친근함이 느껴져서 용기가 생기더군요."

"저는 팀장님의 깐깐함이 편치 않은 것은 변함없었지만 제 마음이 조금은 달라진 것을 느꼈습니다. 팀장님의 마음이 이해되고 나니까 제가 정확하게 잘하고 싶은 마음이 들었습니다. 그리고 저를 좀 나무랄 때에도 그 말을 듣고 있는 게 그렇게까지 기분이 나쁘거나 자존심이 상하진 않았습니다. 혼나는 데 맷집이 좀 생긴 것 같습니다. 용감해졌다고나 할까요?"

상대를 존재로 바라보게 되면 마음속 허상에 대한 두려움이 살짝 걷히고 본질로서의 대상으로 그를 인식하게 됩니다. 여전히 우리와 그들 사이에는 힘이 있고, 직위가 있고, 역할의 가로막음이 있지만 그럼에도 불구하고 대상을 존재로 보는 것은 우리 안의 인간적 연민을 유지하게 해 주는 근원이 됩니다.

우리가 두려워했던 상사를 한 인간으로 보게 되면 진정으로 그를 바라볼 수 있습니다. 오해와 왜곡이 걷히고 있는 그대로 말이지요. 그렇게 되면 우리 안에 신뢰와 친밀감이 형성되어 상대에게 다가갈 수 있는 힘이 나옵니다. 그것을 우리는 '용기'라고 합니다. 용기는 누군가로부터 배우는 것이 아니고 우리 안에서 스스로 회복하는 것입니다. 용기가 우러나올 때 우리는 솔직한 마음을 가질 수 있고, 물리적으로 상대에게 다가갈 수 있으며, 상대의 눈을 마주 볼 수 있게 됩니다. 그런 후에야 비로소 우리는 대화의 기술을 통해 상대에게 우리의 의견을 표현할 수 있게 됩니다.

대화의 '기술'로 표현하십시오

"저는 얼마 전에 상무님께 팀의 안건에 대해 다른 제안을 드릴 수 있었습니다. 제가 걱정하는 사항과 제가 원하는 해결 방식에 대해 말씀드리기 전에, 저는 제가 이 말을 함으로써 채우려고 하는 제 핵심 욕구가 무엇인지 살폈습니다. 팀에 기여하고 싶고, 함께 성장하고, 인정받고 싶은 욕구를 볼 수 있었습니다.

그리고 대화의 기술대로 그 핵심 욕구부터 말씀드렸습니다. '상무님, 저는 우리 팀에 기여하고 싶고 도움이 되고 싶습니다. 그래서 그 안건에 대해서 다른 두 가지 의견을 말씀드리고 싶은데 3분 정도 들어 주실 수 있으실까요?'라고 말입니다. 제 의견이 반영되지는 않았지만 상무님은 끝까지 들어 주셨고, 그 정도로도 저는 충분히 의미가 있었다고 생각합니다."

"저는 팀장님이 저한테 소리치고 화를 내실 때 아무런 말을 하지 못하거나 안 했습니다. 그런데 지난주에는 좀 용기가 생겼습니다. 그리고 배운 대로 대화의 기술을 이용해 잠시 후에 다른 장소에서 팀장님께 말씀을 드렸습니다.

'팀장님이 하시는 말씀과 의도를 잘 이해하고 싶습니다. 그리고 저도 잘해 내고 싶습니다. 저한테 지시하시는 내용을 때로 제가 잘 이해를 못하는데 되묻기가 조금 어렵습니다. 제가 다음번에 지시하시는 내용을 확인하고 싶어지면 다시 여쭤어 봐도 괜찮으실까요?'

팀장님은 '그래, 내가 말이 좀 빨라. 적기에 다 아는 줄 알았다. 말이 빠르니 다 못 적을 수 있고, 그러다 보니 실수할 수 있지. 다음번부터는 다시 물어. 내가 다시 말해 줄게' 하며 아주 흔쾌히 대답하셨습니다. 저는 지난 3년간 눈치 보며 생활한 것에 대해 깊이 후회했습니다.

'상사에 대한 애정을 회복하고, 용기를 발견하고, 대화의 기술로 표현하라!'

저는 이 사실을 믿습니다."

원하는 것을 '가볍게 말하는 것'은 대화의 기술로 가능합니다

두려운 상대에 대해 인간적인 애정이 생기고, 용기가 자연스럽게 올라오면 우리는 대화의 기술을 이용해서 자신의 의견을 말할 수 있게 됩니다. 이것은 그리 쉬운 일이 아니지만, 결코 불가능한 것은 아닙니다. 우리는 원래 상무로 태어난 것이 아닙니다. 아기로 태어나 엄마의 젖을 먹고, 친구들한테 맞아서 울고, 때론 친구들과 같이 길거리에 쪼그리고 앉아 과자를 먹고, 사춘기 시절에 고백도 해 보고, 차이기도 해 보고, 사랑하는 사람을 만나 키스를 나누고, 설레는 감정으로 밤을 지새워 보기도 했습니다. 그랬던 우리들 중 누구는 현재 대리이고, 또 누구는 상무가 되었습니다.

살면서 모진 상황 속에서 연민을 잃어버리고 살았을 수는 있지만, 그것은 언제나 회복이 가능한 것입니다. 누군가 자신을 연민으로 바라봐 주고 인간적으로 아껴 주면 우리는 누구나 그 앞에서 연약한 인간으로 서 있을 수 있게 됩니다. 조금 더 먼저, 한발 앞서서 우리가 상대를 그렇게 봐 주면 우리는 두려움을 내려놓고 한 인간과 인간으로 마주할 수 있는 용기가 생깁니다. 그리고 그때 비로소 대화의 기술이 필요해집니다. 많은 사람들이 대화에서 실패하는 중요한 이유는 연민을 놓치고 객기만으로 말을 떠들어 대기 때문입니다.

이제 두렵던 상대 앞에서 침착하게 자신의 의사를 표현하기 위해 다음과 같이 해 보시기를 권유합니다.

1. 자신이 원하는 것(그것이 자신에게 얼마나 중요한 일인지)을 먼저 의식합니다.
2. 상대가 알아주거나 해 주기를 바라는 것을 생각해 봅니다.
3. 말을 할 때는 상대가 들을 수 있는 상태이거나 상황인지 살펴봅니다.
4. 원하는 것과 구체적인 요구 사항을 말해 봅니다.

(Chapter 5의 'Expression 1 내가 원하는 것을 요청하는 방법'에 대한 내용을 참조하면 좋습니다.)

대화 연습

• 연습의 대상으로 두려운 대상을 정하고 침묵으로 한 달간 연습해 보세요.

1. 대상이 누군지 떠올리고 정해 놓으세요.

2. 그에게 말을 하고자 할 때 무엇이 걸리는지 다 적어 보세요.

3. 말하지 않음으로써 안심되는 자신의 핵심 욕구는 무엇인지 생각해 보세요.

4. 그럼에도 말한다면 어떤 핵심 욕구가 채워질 것 같은지 떠올려 보세요.

5. 4번의 핵심 욕구를 채울 수 있는 구체적 요청에는 어떤 것이 있는지 생각

해 보세요.

6. 반드시 그에게 표현하고 싶다면 언제, 어떻게 말할지 연습해 보세요.

Chapter

8

—

마음의 준비가
필요한 말에
잘 대처하여 듣기

우리는 우리 자신에 대해서 잘 모르는 부분이 있게 마련입니다.

그리고 불편한 진실은 그런 부분이 다른 사람들의 눈에는 잘 보인다는 것입니다.

그 모습을 상대의 말을 통해 듣게 될 때 우리는 매우 불편한 마음을 경험하게 됩니다.

어떻게 해야 상대의 피드백을 기분 좋게 듣고 성장할 수 있을까요?

인정하고 동의하지만
원치 않는 피드백을 듣는 방법

"저는 얼마 전에 말할 수 없이 기가 막힌 일을 겪었습니다. 제가 중역 임원이 되고 두 달이 지나서 사장님으로부터 그동안 저의 리더십에 대한 중간 피드백을 받게 되었습니다. 문서로 받았는데, 저는 그 피드백을 받고 며칠간 잠도 거의 자지 못했습니다. 너무 불쾌하고 화가 나서 말이지요. 제가 임원이 된 지 불과 두 달인데, 저에 대해 잘 알지도 못하지 않겠습니까? 겨우 두 달을 보고 저에 대해 그렇게 부정적인 피드백을 주시다니요.

거기엔 '오 상무는 자기 확신과 주도성이 너무 강하고, 자의식이 너무 커서 부하 직원들의 입장을 잘 살피지 못할 때가 있습니다. 자신의 의견을 너무 내세우지 말고 상대의 이야기를 먼저 충분히 들어볼 필요가 있습니다'라는 문장이 있었습니다. 저는 이 문장이 너무나 불쾌했습니다. 나름대로 부하 직원들의 이야기를 들어 주려고 애를 쓰고 있었는데, 도대체 뭘 보고 그런 피드백을 주셨는지 이해도 납득도 되지 않아서 혼자 씩씩거리기를 한 달도 넘게 하고 있었습니다.

그러던 중 주말에 서재에서 노트북 파일 정리를 하게 되었습니다. 그 파일 중에 '자기 평가 보고서'라는 게 있어서 '뭐지?' 하고 보게 되었습니다. 제가 임원이 되었을 때 대표이사님께 드린 '자신의 리더십에 대한 스스로의 평가'에 대한 보고서 자료였습니다. 그걸 클릭해서 읽으면서 저는 정말 놀라지 않을 수가 없었습니다. 제가 저 자신에 대해 쓴 보고서 내용 중에 '저는 자기 확신과 주도성이 너무 강하고, 자의식이 너무 커서 부하 직원들의 입장을 잘 살피지 못할 때가 있습니다. 저의 의견을 너무 내세우지 말고 상대의 이야기를 먼저 충분히 들어 보려 합니다'라는 글이 있었던 겁니다.

바로 한 달 전, 사장님이 저에 대해 쓴 그 글에서 주어만 '저'에서 '오 상무'로 바뀌었던 거예요. 저는 웃을 수도 울 수도 없어 그저 멍하게 앉아 있었습니다. 제가 저에 대해 평가했던 것과 모든 것이 똑같은 피드백이었는데, 한 달을 씩씩거리며 분노하고 있었다는 사실을 쉽게 받아들일 수 없더군요. 동의하고 알고 있던 내용을 단지 남의 입장에서 들으니 왜 그렇게 기분이 상했던 걸까요? 저는 정말 그 후로 남에게 보이는 저에 대해서가 아니라 저 자신에 대해 깊이 생각해 보게 되었습니다."

불편한 피드백, '관찰'로 전환하면 다시 보입니다

저도 알고 있습니다. 제가 완벽하지 않다는 것을요. 저도 종종 생각합니다. 제가 때론 너무 미숙하고 바보 같다고요. 그런데 똑같은 말을 상대에게 들으면 너무 기분이 상해 버려서 그 사람을 다시는 보고 싶지 않아집니다.

"넌 진짜 은근 고집이 세. 못 말려."

언젠가 꽤 오래전에 저희 가족이 저에게 한 말입니다. 저는 저 자신이 한 번도 고집이 세다고 생각해 본 적이 없었습니다. 그래서 고집이 세다는 말을 듣자마자 저항감이 확 올라와서 공격하고 싶어졌습니다. '내가? 내가 얼마나 집에서 희생적으로 살아왔는데. 참 나!'

그런데 얼마 전 이번에는 제 아이가 저에게 비슷한 말을 했습니다.

"엄마는 잘 들어주는 것 같다가 결국 엄마가 원하는 대로 해요."

"엄마가? 엄마가 언제? 말을 해 봐."

여전히 억울한 마음이 올라왔지만 똑같은 이야기를 두 번 듣게 되니 기분이 조금 달랐습니다. '내가 정말 그런가?', '내가 뭔가 문제가 있나?' 하는 생각에 저 스스로가 위축되고 우울해졌습니다.

똑같은 이야기를 친한 친구로부터 세 번째 들었을 땐 철저하게 돌아보게 되었습니다. 그리고 구체적으로 묻기 시작했습니다.

"말해 줘서 고마워. 그런데 네가 보기에 나의 어떤 모습이 그렇니? 기억나는 일 하나만 구체적으로 이야기해 줄래? 내가 들어 보고 고치고 싶어."

"7월 내 생일 날, 네가 나한테 밥을 사 준다고 하면서 뭘 먹고 싶은지 물어봤었거든. 그때 내가 일식집에 가서 회가 먹고 싶다고 했는데, 비도 오고 여름이라 회는 안 된다고 문자를 보내더니 바로 다른 음식

점에 예약했으니 거기서 보자고 했어. 나한테 묻긴 했지만 넌 바로 네가 원하는 대로 결정까지 하고 통보만 했어."

우리는 우리 자신에 대해서 잘 모르는 부분이 있게 마련입니다. 그리고 불편한 진실은 그런 부분이 다른 사람들의 눈에는 잘 보인다는 것입니다. 내 눈에는 보이지 않는 내 모습이 다른 사람의 눈에는 보이고 있다는 것이지요. 그런데 그 모습을 상대의 말을 통해 듣게 될 때 우리는 매우 불편한 마음을 경험하게 됩니다. 바로 저의 이야기처럼 말이지요. 그래서 더 기분이 상하고, 관계를 끊어 버리고 싶어지기도 합니다.

그런데 가끔 이런 이야기들은 우리 스스로 생각해 보면 깊이 동의하게 되는 내용들입니다. 그렇다면 어떻게 해야 상대가 다시 나에 대한 피드백을 잘할 수 있도록 도우며 들을 수 있을까요? 어떻게 해야 상대의 피드백을 기분 좋게 듣고 성장할 수 있을까요? 제 경우에는 다음과 같은 방식들이 도움이 되었습니다.

1. 상대의 말을 끝까지 들어 보고 나서 "말해 주어서 고맙습니다"라고 한다.
2. 상대에게 "구체적으로 어떤 일을 보았을 때 그렇게 생각했는지 말해 주실 수 있을까요?"라고 물으면서 들어 본다.
3. "그런 모습을 보았을 때 제가 걱정되셨나요?"라고 물어본다.
4. 그 말을 듣고 상대로부터 조언을 들어 보고 싶은지 스스로에게 질문한다.

→ 더 듣고 싶지 않다면 "말씀해 주셔서 고맙습니다. 잘 생각해 볼게요"라고 한다.

→ 더 듣고 싶다면 "어떻게 하면 그런 점이 나아질 거라 생각하시는지 구체적인 방법을 말씀해 주시겠어요?"라고 묻고 듣는다.

대화 연습

- 피드백을 들어 보고 싶은 상대를 고르세요(평소 신뢰하거나 친밀감이 있는 사람으로).
- 자신에 대해 피드백을 해 달라고 말해 보세요(업무, 삶, 역할에 대해).

1. 끝까지 침묵으로 들어 보세요.
2. 평가의 말로 피드백을 하고 있다면 '구체적으로 관찰한 사건'을 말해 달라고 부탁하세요.
3. 끝까지 침묵으로 들어 보고 말해 주어 고맙다고 하세요.
4. 원한다면, 어떻게 하면 자신이 성장할 수 있는지 하나의 방법을 구체적으로 말해 달라고 부탁하세요.
5. 끝까지 침묵으로 들어 보세요.
6. 말해 주어 고맙다고 말하세요.

비난의 말을 들을 때
나의 자존감을 유지하며 듣는 방법

"저희 상사는 정말 불쾌하게 말을 합니다. '다른 사람이 너에 대해 해 준 얘기가 있는데 말이야'라거나 '네가 좀 자기중심적이라는 말들이 여기저기서 들려'라는 식으로 말을 꺼냅니다. 차라리 대놓고 말을 하든가, 아니면 정확히 누구에게 들었는지 말을 해 주든가, 피드백을 해 줄 거면 정확하게 사실에 근거해야 하지 않나요? 긍정적인 말도 아니고 부정적인 이야기를, 게다가 전달까지 해서 말할 땐 당장에라도 사표 쓰고 싶은 생각밖에 들지 않아요.

그리고 어떤 인간이 그런 말을 한 건지 모르니 팀원들이 전원 싫어지기도 합니다. 동료들 사이까지 이간질하는 이런 비난 섞인 말들을 전하는 리더는 정말 최악입니다. 그러다 보니 저도 은근히 상사를 비난하게 되더군요. 그쪽이 먼저 시작했으니 제가 하는 것도 무리는 아니지요. 상사니까 대놓고 하진 못해도 정말 기회만 되면 같이 비난하고 싶은 마음이에요. 그러면서도 저 자신이 위축되기도 하고 못나 보이기도 해서 더 화가 나요."

에릭 번이라는 유명한 정신의학자는 《심리적 게임》(한국교류분석협회 역간, 1999)에서 '심리 게임'이라는 말을 만들어 냈습니다. 이 말은 비난 게임, 즉 '만일 너만 그렇게 하지 않는다면'이라는 말로 풀어 볼 수도 있다고 합니다.

다른 사람은 고사하고 저에 대해 고백하자면, 살아오면서 누군가를 원망할 때 "그 사람이 저를 비난하지만 않는다면 저도 안 할 겁니다"라고 말한 적이 수없이 많이 있었습니다. 그러면 상대는 또 저를 향해 이렇게 말했지요.

"네, 저도 알아요. 하지만 그 사람이 똑바로만 한다면 저도 비난하지 않을 건데요."

이런 식으로 서로 끝없이 비난을 주고받는 관계가 된 적이 있습니다. 이 경험을 떠올리면 에릭 번이 말하고자 했던 심리 게임이 무엇인지 이해하게 됩니다.

동의하지 않는 이슈에 대해 비난하거나 빈정거리면서 말하는 상대의 이야기를 어떻게 들어야 좀 더 마음이 편안하고 상대를 이해하게 될까요?

'그냥 바로 그만두기'는 나를 보호하기 위한 응급 선택입니다

비난 섞인 피드백을 하는 상대의 이야기를 들을 때 우리는 같이 공격하고 싶어집니다. 그럴 때 그냥 멈추는 것은 매우 성숙한 선택임을 기억할 필요가 있습니다. 정신과 의사였던 스캇 펙은 이런 게임을 '순환 논법'이라고 불렀습니다. 그렇기 때문에 중단하기 매우 힘든 반복적인 특성을 띤다고 했지요.

다시 돌아가서 에릭 번은 이런 심리 게임을 그만두는 방법을 제안했는데, 저는 이 방법이야말로 저 자신을 살려 내는 데 가장 효과적이며, 사실 유일하다는 점을 발견했습니다. 에릭 번은 그만두는 유일한 방법은 '그냥 그만두기'라고 했습니다. 무언가가 아니라고 판단되었을 때, 또 그것을 지속하는 것이 서로에게 유익하지 않음을 정확히 인지했을 땐 그냥 일어나서 돌아서는 것입니다. 끝까지 하고 그만두는 것이 아니라 그냥 그 자리에서 바로 그만두는 것이 때론 우리에게 얼마나 필요한지 생각해 보게 되었습니다. 그것이 심리 게임에서는 더욱 필요한 지혜라고 생각합니다.

서로를 비난하는 것이 얼마나 나쁜지에 대해 설명하거나 같은 방식으로 보복하려 하기보다 그냥 그만두고 돌아서는 것이 저에게는 스스로를 평화롭게 하는 데 크게 도움이 되었습니다. 가끔 누군가가 "너에 대해 들은 얘기가 있는데 들어 볼래?"라고 비난 섞인 말을 하려 할 때는 그냥 부탁합니다. "지금 그 말을 이쯤에서 그만 듣고 싶어"라고요. 왜냐하면 그것을 듣는 것이 저 자신을 솔직하게 바라보고 뉘우치고 성장하는 데 도움이 되기보다는 누군가를 미워하고 원망하는 데 도움이 될 것 같기 때문입니다.

그리고 시간이 지나서 제 안에 공감할 수 있는 힘을 확인한 뒤에, 그리고 그 사람과 다시 연결되고 싶은 의지가 확인될 때 그에게 직접 물어봅니다. 나에게 해 주고 싶은 말을 듣고 서로 다시 연결되려고 노력합니다. 이 과정은 쉽지 않지만 비난을 주고받으면서 뷰크너가《통쾌한 희망사전》(복있는사람 역간, 2005)에서 쓴 것처럼 '당신이 갉아먹는 뼈가 바로 당신의 뼈'라는 것을 제 삶에 적용하며 사는 것보다는 쉽고 가치 있다고 생각했습니다. 상대의 비난 섞인 말을 들을 때 첫 번째로 우리가 깨달을 필요가 있는 사실은 함께 비난을 하는 것이 아니라 '그냥 바로 그만두기'입니다.

비난은 상대의 '무지'의 표현일 뿐입니다

한 팀에 속한 박 과장과 오 부장의 이야기입니다.

> "저는 박 과장입니다. 오 부장님에 대해 말하고 싶은데요, 그냥 좋게 이야기해도 되는데 왜 매번 저렇게 사람을 무시하는지 모르겠어요. 오 부장님의 언어 습관이 아주 고약해요. 구체적으로 말해 주지도 않으면서 트집만 잡으니까요. 이런 대화를 배워도 하나도 변하지 않을 겁니다."

> "저는 오 부장입니다. 저는 정말 몰랐습니다. 제 초점은 잘된 것보다는 고쳐야 할 것에 맞춰져 있었고, 그것이 빨리 고쳐져야만 팀이 돌아간다고 믿었습니다. 그래서 자꾸만 부하 직원들의 수정할 사항에 대해서만 지적하게 되었지요. 지적하다 보니 평가하고 비난하는 게 습관이 된 듯합니다."

254

"오 부장님이 그렇게 말씀하셨다고요? 정말 놀랍네요. 그 사람은 고약하고 형편없는 사람이라고 믿었는데…."

지금 박 과장은 평소 오 부장이 건넸던 피드백에 대한 불만을 이야기하고 있습니다. 오 부장이 피드백을 줄 때 '무시하는 태도로 트집을 잡으며 말하는 것'에 대해서 말이지요. 그러나 아이러니한 것은 박 과장 또한 오 부장에 대해 피드백을 할 때 마찬가지로 평가와 비난의 방식("그 사람은 고약하고 형편없는 사람이라고 믿었는데")에서 벗어나지 못하고 있다는 것입니다.

결국 우리가 누군가에 대해 피드백을 할 때 우리는 습관적이고 무의식적으로 우리에게 익숙해져 버린 판단과 평가, 비교를 주고받는 패턴으로 나눈다는 것을 알 수 있습니다. 그리고 이런 방식은 종종 우리의 습관과 무지에서 나오는 것이며, 결코 고의적인 고통을 주기 위해서가 아님을 알 필요가 있습니다. 상대를 깊이 이해한다는 것은 그의 말과 행동에 동의하는 것이 아니라 그의 동기와 의도를 제대로 알고 있다는 것입니다.

저는 대화를 교육하면서 많은 분들을 만났는데, 대부분의 경우 피드백을 구체적으로 주고받는 방식에 대해 배우게 되면 어떻게든 말을 잘하려고 노력하는 모습을 보여 주었습니다. 그리고 그때 공통적으로 듣게 되는 말은 "이렇게 말하면 상대에게 잘 들릴 수 있다는 생각을 하지 못했다"는 것이었습니다.

상대의 말은 사실은 '고통스러운 부탁'입니다

"저는 정말 우리 상사의 표현이 너무 견디기 힘들었어요. 뭐 딱히 거절할 수 있는 입장은 아닌데, 저에 대해 잘 알지도 못하면서 종 종 '넌 정말 소심해. 그래서 회사 생활 하겠어? 필요하면 상담 좀 받지?'라고 말을 했거든요. 어떤 경우는 회식에 가서 술을 주기도 전에 '술 마시면 좀 소심하지 않으려나?' 하고 말하는 겁니다. 사실 그 말을 들으면 소심하지 않던 사람도 소심해질 것 같았습니다. 저는 사실 신중한 편이지 그리 소심한 편은 아닙니다. 저에 대해 그렇게 평가하고 피드백하는 상사가 정말 싫었어요.

그런데 그 말을 부탁으로 들어 보라니, 처음에는 기가 막혔습니다. 저항감이 확 올라왔지요. 집에 가면서 곰곰이 생각을 해 보니, 사실 그 방법 말고 상사를 대할 때 제 마음이 편안할 방법이 딱히 떠오르지 않아서 한번 해 보기로 했습니다. 그랬더니 정말 다르게 들리기 시작했어요. 우리가 회의에 들어가기 전에 이렇게 말했습니다.

'소심하게 굴지 말고, 알았지?'

전 이 말을 듣자마자 이 말을 왜 하는지, 무슨 부탁의 표현일까를 생각해 봤습니다. 그리고 제가 추측한 것을 말했습니다.

'네, 제가 회의 시간에 의견을 내고 말을 하라는 (부탁의) 말씀이시지요?'

그러자 상사가 눈을 똥그랗게 뜨더니 '아네? 그래, 그거지' 하고 들어갔습니다. 저는 상대의 말을 부탁으로 들을 때 제가 얼마나 편안하게 상대를 볼 수 있는지와 대화가 가능해지는지를 경험할 수 있었습니다."

"상대의 모든 비난 섞인 말은 사실 나에 대한 것이 아니다. 그것은 상대 자신의 충족되지 않은 욕구에 대한 비극적인 방식의 표현일 뿐이다"라고 마샬 로젠버그 박사는 말했습니다. 저는 이 말을 10년 전에 처음 들었을 때 '내가 이 사실을 어릴 때 알았더라면 얼마나 많은 비난을 잘 견딜 수 있었을까? 만약 그랬더라면 관계에서 오는 어려움들을 지혜롭게 넘길 수 있었을 텐데' 하는 아쉬움을 깊이 간직했었습니다.

상대가 우리에 대해 폭력적인 방식으로 표현할 때는 사실 그 사람 자신의 고통에 대해 말하고 있을 때가 많습니다. "넌 회사가 놀이터야? 왜 자꾸 자리를 떠?"라고 소리를 지른다면 그것은 실제로는 "내가 필요할 땐 자리에 좀 있었으면 좋겠어"라는 부탁입니다. 또 "일을 이따위로밖에 못해?"라고 한다면 그 말은 "나한테 이 보고서 갖고 오기 전에 한두 번 더 확인해 줘"라는 부탁이 될 수 있습니다.

만일 우리가 그렇게 애를 쓰고 희생하며 키우는 자녀들이 "엄마, 아빠가 나한테 해 준 게 뭔데?"라고 한다면 그 말은 "엄마, 아빠, 저 좀 도와주세요"라는 부탁입니다. 만일 동료가 "너 인생 그렇게 살지 마라. 너만 생각하냐?"라고 한다면 그 말은 "내 입장에선 어떤 마음일지 한번 생각해 보고 이해해 줘"라는 표현이 될 수 있습니다.

상대의 '요구 사항'과 '핵심 욕구'를 함께 듣는 것이 중요합니다

우리는 말하기를 다룰 때 상대에게 원하는 것을 표현하는 것이 얼마나 중요한지 배웠습니다. 구체적인 관찰에 근거하고, 자신이 원하는 것을 상대에게 요청하는 능력은 말하기에 있어서 매우 중요한 능력이 됩니다. 그런데 상대는 여전히 자신이 원하는 것을 알지 못할 수 있습니다. 그리고 우리가 그랬던 것처럼, 비난하고 평가하는 방식으로 우리에 대해 말할 수 있습니다. 그때 우리는 듣는 방법을 통해 상대가 원하는 것이 무엇인지를 들을 수 있습니다. 상대의 비극적인 부탁의 메시지에 귀를 기울여서 그 말의 핵심 욕구가 무엇인지를 들어 볼 수 있습니다.

그러면 사람들이 가끔 묻습니다.

"내가 왜 상대가 저런 태도로 불쾌하게 말하는데 그걸 애써서 잘 들어 주어야 합니까?"

들음으로써, 우리에게 무엇이 유익한지를 진정으로 생각해 본다면 이 질문에 쉽게 대답할 수 있을 것입니다. 우리가 만일 상대의 말을 두려워하지 않고, 그 요구 속에 숨어 있는 핵심 욕구를 알 수만 있다면, 그래서 상대가 말하고자 하는 부탁이 무엇인지를 알 수 있다면 우리는 대화의 관계에 있어서 주도성을 쥐게 됩니다. 결국 나 자신이 편안해집니다. 이 노력은 상대를 위함이 아니라 우리 자신을 위한 것입니다. 상대와 우리의 관계의 개선은 덤입니다. 우리 자신에게 유익한 것을 깨닫게 되면 우리는 충분히 그럴 가치가 있었음을 알게 됩니다.

내 마음부터 이해하면 상대의 마음도 이해가 됩니다

듣기가 괴롭고 불쾌하고 화가 치밀어 오르는 순간에는 즉시 상대의 입장을 이해하기가 참 어렵습니다. 그래서 그 순간에 대처하기 위해서 Chapter 7에서 우리 자신이 중요하게 여기는 핵심 욕구가 무엇인지를 찾아 표현하는 법을 배웠습니다.

그런데 상대가 우리에게 비난을 쏟아내는 상황에서는 우리가 우리의 의견을 말하는 것이 그렇게 효과적인 연결을 갖고 오지 못할 확률이 큽니다. 왜냐하면 상대에게는 지금 우리의 이야기를 들을 마음의 여유가 없기 때문이지요. 이런 경우 우리는 마음을 표현하는 것에 앞서 상대의 마음에 공감해 주는 것을 선택하게 됩니다. 상대의 마음에 우선 공감해 주면 그가 비로소 우리의 말을 들어 볼 마음의 여유를 회복하게 되기 때문입니다.

비난 섞인 말을 들을 때 우리는 다음과 같은 방식으로 상대의 마음을 공감하며 들어 줄 수 있습니다.

1. 침묵하며 마음속으로 어떤 생각들이 떠오르는지 충분히 쏟아내 봅니다.
2. 나의 감정과 중요한 나의 핵심 욕구를 살펴봅니다.
3. 상대의 요구 뒤에 숨은 욕구는 무엇일까 생각해 봅니다.
4. 짐작되는 욕구를 상대에게 말해 봄으로써 상대를 이해해 줍니다.

대화 연습

- 평소에 애정이 있는 대상에게 연습해 보세요.

- 힘이 수평적인 상대라면 더욱 편하게 연습할 수 있습니다.

- 매우 가까운 관계라면 "대화 연습을 하고 싶다"고 말하고 해 보시길 권합
  니다.

1. 비난의 말을 듣고 잠시 자리를 떠나세요.

   (필요하면 "5분 정도 후에 다시 이야기하자"고 해도 좋습니다.)

2. 머릿속에 떠오르는 생각을 마구 쏟아내 보세요.

3. 내 감정과 생각 속에 숨어 있는 핵심 욕구를 찾아보세요.

4. 상대의 말속에 숨어 있는 핵심 욕구는 무엇일까 추측해 보세요.

5. 돌아가서 상대의 말을 다시 구체적으로 들어 보고 싶다고 말하세요.

6. 그 말속에 숨겨진 상대의 핵심 욕구를 반영해서 말해 보세요.

7. 상대가 마음을 이해받았다고 느끼는지 확인해 보세요.

Listening 7 ─────────────

싫어하는 사람의 말을
듣는 방법

"저는 우리 사내의 김 부장을 싫어해요. 그 사람은 정말 정치적이고 동료들에게는 인색하기 짝이 없지요. 그런 부류의 사람들은 정말 구역질이 납니다."

"저는 착한 척 희생하는 사람들이 싫어요. 그런 사람들은 속을 알 수가 없어서 같이 일하기가 오히려 부담스럽거든요. 그 사람 옆에 선 제가 나쁜 사람이 되기 쉬워요. 공정하지 않은 것도 자기가 다 품겠다는 듯한 태도로 희생적이기 때문이죠."

"저는 그냥 우리 부장님이 싫어요. 그 사람이 그냥 싫어요. 그 사람이 부장이라는 것도, 저보다 힘이 있다는 것도 다 싫어요. 존재 자체가 싫어요."

지속적인 만남을 가져야 하는 조직에서 누군가를 미워하게 되면 우리는 그 감정이 너무 고통스러워서 상대의 말을 잘 듣지 못하게 됩니다. 그래서 상대를 적으로 간주하게 되는데, 이런 과정은 함께 무언가를 도출하고 만들어 가야 하는 관계에서 보자면 서로에게 엄청난 손실이자 괴로움의 원천이 됩니다. 피할 수도 없고, 때로 상대가 나보다 힘 있는 존재인 경우에는 자기희생에 대한 억울함과 분함이 깊은 좌절감으로 느껴지기도 해서 삶의 의욕이나 즐거움마저 상실하게 됩니다. 사회적인 관계에서 누군가를 미워하거나 적대적인 이미지를 형성하게 되면 우리는 쉽게 그 평가에서 자유로워지기 힘듭니다.

　'적대적 필터'는 과거의 어떤 강한, 여러 차례의 경험을 통해 만들어진 이미지로서 현상을 그대로 보지 못하게 하고, 우리의 관계를 매우 협소하고 편협하게 만듭니다. 만일 제가 어느 누군가를 '이기적인 사람'이라고 생각한다면 그가 제게 호의를 베푼다고 해도 그 마음을 다 받아들이기란 힘듭니다. 누군가에게 우리가 '진정성이 없는 사람'이라고 낙인을 찍게 되면 우리는 그 사람이 하는 어떤 행동도 있는 그대로 받아들이기 힘들어집니다.

　이처럼 우리는 수많은 오해를 관계 속에서 형성해 내고, 관계를 단절시키기도 하며, 더욱 굳은 적대적인 이미지를 저장시킵니다. 과거의 경험과 자신만의 해석으로 만들어 내는 적대적 필터는 조직에서 협력과 협업을 형성하는 데 아주 강한 걸림돌이 됩니다. 그리고 깊은 공감이 없이는 이런 필터를 벗겨 내기가 매우 힘듭니다.

　만일 우리가 누군가로부터 이런 적대적 필터를 부여받게 된다고 생각해 보십시오. 상사가 우리에게 '멍청한 사람'이라고 딱지를 붙이고 평가한다면 어떨까요? 아마도 상사는 우리가 하는 말을 주의 듣거나 의사 결정에 반영하려고 하기보다는 흘려듣거나 무조건 반대부터 하려고 할 것입니다. 심지어 우리가 잘할 수 있는 영역까지도 중요치 않게 여기기가 쉽겠지요.

누군가를 어떤 이미지로 낙인찍는 것은 한 개인의 다양한 모습을 무시하고, 하나의 모습만으로 전체적인 인간을 평가하려는 매우 위험한 접근을 하게 합니다.

적대적 필터 너머 핵심 욕구를 볼 때 가능성과 열정이 살아납니다

"제 늦둥이 아들은 올해 초등학교 3학년입니다. 새로 전학 간 학교에서 이제 3개월이 지났습니다. 어느 날 아들이 일요일에 친구들과 놀겠다고 나가면서 오후 3시까지 들어오겠다고 말했습니다. 3시경 전화를 했더니 아들 전화기는 꺼져 있었고, 아들은 5시가 다 돼서야 들어왔습니다. 저는 아내와 같이 너무 걱정을 한 탓인지 아들이 오자마자 아주 화를 내고 야단을 쳤습니다.

다음 날 아내가 저에게 이런 이야기를 했습니다.

'어제 경석이가 친구들하고 친해지려고 집에 오려다가 더 있었대요. 친구들이 축구를 할 때 못한다고 안 껴 줘서 계속 공을 주워 주다가 집에 3시경 오려고 했더니, 야구를 하자고 해서 하고 왔대요. 전화를 받으면 집에 와야 해서 꺼 놓았대요. 경석이 야구 잘하잖아요. 그러니까 친구들한테 보여 주고 싶었나 봐요. 어제 너무 혼나서 계속 울더라고요. 당신이 위로 좀 해 줘요.'

저는 아내의 말을 듣고 아이에게 무척 미안해졌습니다. 자초지종 이라도 들어 볼 걸 그랬다는 후회가 되어서 더 마음이 아팠어요."

저는 이야기를 들으면서 질문을 했습니다.

"그때 아들의 핵심 욕구는 무엇이었을까요? 그 행동 말고요, 그 행동을 한 마음속 숨은 의도 말입니다."

"네, 아마도 '소속감', 그리고 '인정'이 아니었을까 싶어요. 친구들 사이에 끼고 싶고 인정받고 싶었던…."

저는 두 번째 질문을 했습니다.

"선생님의 자녀를 보면서, 선생님은 어떤 핵심 욕구 때문에 후회하고 미안해하셨나요?"

"저는 아들이 친구들과 잘 적응하고 편안하게 놀 수 있도록 돕고 싶었습니다. 그리고 화를 내기 전에 아들의 이야기를 잘 듣고 이해해 주고 싶었습니다. 그래서 미안했어요."

저는 몇 번의 대화를 더 주고받으며 그전까지 나누고 있었던 팀의 이슈와 연결시켜 질문을 했습니다.

"선생님 팀의 그 직원 말입니다. '소극적인 경력직 신입' 말이에요. 그에게 제일 중요한 핵심 욕구는 뭘까요?"

"네, 제 아이와 똑같은 것 같습니다. '소속감'과 '정서적인 안정'과 '인정' 말입니다. 그러고 보니 저는 그것에는 전혀 관심이 없었네요.

그저 그가 경력직인데도 불구하고 왜 저렇게 소심한지만 탓하고 일을 맡기지 않으려고 했습니다. 할 수 있는 작은 일에 대한 권한을 주지 않을수록 그가 더 소극적이 될 수밖에 없음을 간과했네요."

저는 마지막 질문을 했습니다.

"선생님은 그에게 '소극적인 사람'이라고 적대적인 이미지를 붙여 주셨는데, 그때 선생님께 정말 중요했던 핵심 욕구는 무엇일까요?"

"저는 그가 실수를 하더라도 좀 더 적극적으로 일해 주기를 바랐고, 그럴 수 있도록 지원해 주고 싶은 마음이 있습니다. 그래서 서로 신뢰할 수 있기를 바라요. 그런데 제가 말을 하면서 생각해 보니 한 번도 이런 마음을 그에게 표현해 본 적이 없었네요."

우리가 속한 조직에 '소극적인 사람'이 있습니까? 말을 해도 쭈뼛쭈뼛하게 하고, 의견을 말하라고 해도 "다 좋습니다"라고 하는 그런 사람 말입니다. 그때 그에게 '소극적인 사람'이라고 적대적 필터를 통해 낙인찍기 이전에, 우리에게 중요한 핵심 욕구는 아마도 '서로 정보를 자유롭게 나누고 더 좋은 결과를 도출하기 위해 자기표현을 주고받는 것'이 아닐까요? 우리가 그런 우리 자신의 핵심 욕구를 찾을 수만 있다면 그를 '소극적인 사람'이라고 생각하며 낙인찍어 버리는 게 아니라 '나는 좀 더 서로 자유롭게 의견을 나누면 좋겠다'고 생각하고, 그 생각을 말할 수 있게 될 것입니다.

우리의 조직에 '이기적인 사람'이 있습니까? 30분이라는 짧은 회의 시간에 혼자서만 15분을 이야기하고 있는 사람 말입니다. 그 모습을 보면서 '이기적인 사람'이라는 평가를 내리는 대신 우리의 핵심 욕구를 떠올려 보면 어떨까요? '나는 우리 모두가 공평하게 의견을 나눴으면 좋겠다. 다른 사람들의 의견도 들어 보고 싶다'라고요.

우리가 적대적 필터로부터 자유로워지는 방법은 다음과 같습니다.

1. 누군가를 적대적 필터로 보려 하는 자신의 생각을 알아차립니다.
2. 우리가 실제로 지금 보거나 듣고 있는 것이 무엇인지 잘 관찰합니다.
3. 그 생각 뒤에 있는 채워지지 않는 우리의 핵심 욕구를 찾아냅니다.
4. 그 핵심 욕구를 채우기 위해 상대나 나 자신에게 구체적인 요청을 합니다.

우리가 누군가에 대해 적대적 필터를 갖지 않고 있는 그대로 바라보기 시작할 때 우리는 매우 유연한 사고와 정서를 소유하게 됩니다. 그리고 서로가 성장할 수 있는 가능성과 열정을 회복하게 됩니다. 그런 관점은 조직이나 공동체에서 무척 중요합니다.

'긍정적 이미지'도 다양성을 존중하지 못하게 하는 힘이 됩니다

"저는 우리 팀에서 늘 과묵하고 인내심이 많다는 이야기를 듣습니다. 그런데 그 말이 정말 부담스럽습니다. 왜냐하면 제가 늘 그렇게 행동해야만 할 것 같기 때문이지요. 저는 좀 부당하다고 판단되어 생각을 표현하고 싶어도 참고 넘어가기가 일쑤입니다. 모두를 편안하게 배려해야 한다는 생각이 자리 잡았기 때문인 것 같습니다. 그렇다 보니 일이 재미가 없어요. 모두 해야 하는 일이 되어 버리더군요."

"저희 팀 김 대리는 최 대리를 못 잡아먹어서 안달이 난 것 같습니다. 제가 판단할 때 최 대리는 매우 '열정적인 사람'입니다. 그런데 김 대리는 최 대리가 공과 사를 구별하지 못하고 공금을 자기 방식대로 판단해서 쓰고 있다며 저에게 하소연을 합니다.
제가 김 대리를 이해하지 못하는 것은 분명 최 대리는 열정이 가득하고 주도성이 있는 사람이기 때문입니다. 오히려 김 대리가 그런 점을 배워야 한다고 생각되어서 저는 김 대리에게 조언을 좀 했습니다. 그랬더니 김 대리는 저한테 무척 서운해하는 것 같더라고요. 제가 최 대리에 대해 좋은 이미지를 갖고 있어서 그런지, 저는 김 대리의 말을 다 받아들이기가 어려웠습니다. 긍정적인 이미지가 강한 것은 때로 상대의 다양한 모습을 보는 데 걸림돌이 되는 것같습니다."

사람에게는 한 가지의 모습만 존재할 수 없습니다. 우리가 만약 누군가에게 긍정적인 이미지를 크게 갖고 있다면, 그 사람은 계속 그런 사람으로 보이기 위해 노력해야만 할 것이고, 그럴 가능성이 커지게 됩니다. 누군가가 우리에 대해 긍정적인 이미지를 갖고 있으면 그것

Chapter 8 마음의 준비가 필요한 말에 잘 대처하여 듣기

또한 우리로 하여금 내적으로 강요하게 만드는 힘이 됩니다.

만일 상대가 우리에게 '협력적이고 따뜻한 사람'이라고 했다고 예를 들어 볼까요? 어느 날 우리가 다른 의견을 갖고 있어서 그것을 이야기하게 되면 어쩌면 상대가 이런 반응을 보일지 모릅니다.

"너를 정말 좋게 봤는데 잘못 봤구나. 너답지 않게 왜 그래? 원래대로 너답게 굴어."

이런 식으로 우리를 바꾸려고 할지도 모릅니다. 우리 역시 누군가를 대상으로 그렇게 해 왔을 수도 있습니다. 그래서 관계에 있어서 긍정적이거나 부정적인 이미지를 갖고 상대를 대하는 것은 적대적 필터의 역할을 합니다. 적대적 필터는 결국 부정적인 것만을 의미하지 않고 긍정적인 이미지까지도 포함하게 됩니다. 적대적 필터는 서로를 판단에 사로잡히게 하고, 성장시키는 힘보다는 도태시키고 단절하는 힘으로 쓰입니다.

대화 연습

1. 누군가를 적대적 필터로 보고 있는 자신을 의식해 보세요.

   ('지금 내가 저 사람을 이기적인 사람이라고 생각하고 있었네.')

2. 적대적 필터 뒤에 내가 원하는 핵심 욕구는 무엇인지 찾아보세요.

   (배려, 전체라는 공동체, 효율성)

3. 이런 핵심 욕구가 중요하기 때문에 상대를 평가하고 적대적 필터에 넣어

   놓았다는 것을 의식하고 알아차리세요.

4. 내가 원하는 핵심 욕구를 만족시킬 만한 요구 사항은 무엇일까 생각해 보세요.

('시간을 정해서 이야기를 분산하면 좋겠어. 공정하게 돌아가면서 모두 다 말할 수 있으면 해.')

5. 그것을 상대에게 언제 어떻게 말할 것인지 생각하고 침묵과 표현 중 선택하세요.

내 요청을 거절하는 사람의 말을
제대로 이해하며 듣는 방법

"저는 직급이 낮을 때 동료나 상사에게 거절을 해 본 적이 거의 없지만, 제가 상사가 되면서 부하 직원들에게 요청을 할 때 거절을 들어 본 적도 별로 없습니다. 그건 어찌 보면 우리 조직에선 당연한 것이었지요. 거절을 한다는 것은 거의 조직 생활을 포기하겠다는 것과 같은 의미였기 때문입니다. 거절을 듣는 것도 마찬가지였습니다.

그런데 거절을 듣는 연습을 해 보니 참 기분이 묘합니다. 처음엔 불쾌하기도 했지만, 거절로 끝나는 게 아니라 상대가 제가 원하는 것을 알아주고 다른 방법을 같이 고민해 주려는 모습을 보니까 진정성이라는 것이 어쩌면 이런 게 아닐까 하는 생각이 들었습니다. 그동안 제 요청을 거절하지 못하고 마지못해 들어주면서 속으로 제 욕을 얼마나 했을지 생각해 보면 아찔합니다. 제가 진짜 원한 것은 그런 것이 아니었어요.

직장뿐만이 아니라 아내도 가끔 제가 늦게 귀가하면 정말 하기 싫은 티를 다 내면서 밥을 차려 줄 때가 있는데 그럴 땐 고맙지도 않거든요. 오히려 제가 얼마나 고생하는지 알아주지도 않는 것 같아서 밥이 안 먹혔습니다. 그 생각을 해 보니 거절을 하는 것과 잘 듣는 것이 얼마나 중요한지 알게 되었습니다. 억지로 상대를 움직이게 하는 것은 정말 비효율적이고 저에게도 결코 도움이 되지 않는다는 사실을 깊이 깨달았습니다.

상무라는 제 직책만으로도 이미 상대에게는 부담이 되는 힘일 텐데, 그럼에도 불구하고 용기를 내서 거절할 때는 일단 잘 들어 봐야겠다는 생각이 들었습니다. 거절을 잘 들으면 서로 더 협력하고 성장할 수 있다는 확신이 들었기 때문입니다."

"저는 동료의 거절을 들었을 때 정말 서운했습니다. 제가 집에 정말 급한 일이 생겼을 때 그가 거절했던 때가 내내 잊히지가 않습니다. 사실 그때 왜 거절했는지는 들리지도 않았고, 그가 잘 설명했는지도 기억나지 않습니다. 저는 '안 돼'라는 말만 기억에 남았고, 상처를 받았거든요. 거절을 듣는 것은 그 자체로 유쾌하지 않은 일이고, 때론 기대가 있기 때문에 더 서운하고 괘씸하게 기억에 남는 것 같습니다.

그런데 거절에 대해서 배우고 나니 어쩌면 그때 그 동료도 정말 힘든 상황일 수 있었겠다는 생각을 하게 되었습니다. 또 그가 아니더라도 다른 방법을 찾을 수도 있었습니다. 단지 저는 거절을 듣는 것

자체가 싫었을 뿐입니다. 그런데 만약 그가 억지로 저를 도와주었다고 상상해 보면 그것도 제가 원하는 것은 아니었다는 생각이 듭니다. 거절을 듣는 과정을 통해서 서로 더 만족할 만한 결과를 얻을 수 있다면 정말 적용해 보고 싶습니다.

거절을 듣는 것은 종종 아픔입니다. 나에게 절실한 요청이 상대에게 거절당할 때 절실한 만큼 서운해지기 때문입니다. 또 어렵게 고민하고 고민해서 했을 때에는 그 서운함이 더 크기 마련입니다. 혹은 역할에 따라 당연히 할 만한 일이라고 생각했을 때에는 괘씸해지기도 합니다.

그러나 조직에서 거절이 오고 가지 못한다면 그 조직은 죽어 간다는 뜻입니다. 왜냐하면 인간은 아무리 공동체와 조직에 속해 있어도 개개인의 욕구로 움직이는 존재이기 때문입니다. 공동체와 조직의 욕구와 비전을 수행해 감에 있어서도 언제나 개인의 욕구는 존중받을 필요가 있습니다. 그런 개인적인 욕구들이 무시된다면 전체의 비전이나 욕구는 충족되어 갈 수 없습니다. 수직적인 힘과 강압에 의해 움직이는 조직이 비극적으로 수명을 다해 가는 것은 어찌 보면 매우 자연스러운 모습입니다."

우리가 거절을 듣는 과정에서 화가 난다면, 흔히 겪게 되는 사고의 오류들은 다음과 같습니다.

1. 나는 상대로부터 무시당했고 중요치 않게 여겨졌다.

2. 상대는 마땅히 해야 할 일을 하지 않았다.

3. 상대는 나에게 도전하고 있고 나를 짓밟으려 할 것이다.

4. 나는 피해자가 되었다.

그러나 이런 사고는 왜곡된 해석이며 우리 자신을 비극적인 행동으로 이끄는 힘이 됩니다.

상대의 거절을 수용하면서도 우리의 욕구를 채울 수 있습니다

동료나 팀원이 우리의 제안이나 요청을 거절할 때 듣는 방법은 이렇습니다.

첫째, 그들에게 현재 그 요청을 수락할 수 없는 다른 중요한 이슈가 있다는 신호임을 아는 것입니다. 다시 말하면 우리를 무시하거나 도전하거나 이기적이어서가 아니라 상대에게 급한 이슈가 있는 것뿐이라고 생각하는 것입니다.

둘째, 우리는 상대가 아니더라도 우리의 핵심 욕구와 필요를 채울 방법을 고민해 볼 수 있는 능력이 있습니다. 우리가 그렇게 생각하는 것은 우리의 핵심 욕구를 채울 수 있는 또 다른 대안이 있다는 것을 우리 자신과 상대 모두에게 의식하게 해 주는 힘이 됩니다.

셋째, 상대의 거절은 우리를 더 단단한 관계로 만들어 주기도 합니다. 왜냐하면 언젠가 상대가 우리의 제안을 수락할 때 그 수락은 진심이고 진정성이 있다는 사실을 믿을 수 있기 때문입니다. 그래서 우리의 관계가 단절되지 않고도 서로가 필요로 하는 것을 채워 갈 수 있는 또 다른 방법이나 방향에 함께 힘을 쓰게 됩니다.

창의적인 방법과 해결은 서로가 거절을 주고받을 수 있을 때 가능하며, 그때 조직에서의 열린 소통도 비로소 가능해집니다. 리더가 자신이 의사 결정을 함에 있어서 공동으로 공유하는 가치 아래에서는 지시라는 체계를 통해 이끌어 갈 때도 있습니다. 그러나 상당히 많은 이슈에 대해선 지시가 아닌 요청이 더 효과적입니다.

리더가 거절을 수용하면 조직은 생동감을 띠고 성장합니다

리더는 부하 직원들의 거절을 충분히 수용할 수 있을 때 개인적인 성장은 물론 조직의 성장을 도모할 수 있습니다.

많은 훌륭한 리더들은 그 자리에 오기까지 합리적인 의사 결정과 효과적인 결과를 바탕으로 했을 것입니다. 그러다 보면 자기중심적인 사고에 갇히기가 매우 쉽습니다. 자신이 해 온 일들이 실제적으로 조직에 성공적인 결과를 가져올수록 자신의 판단에 대해 신뢰하게 되고, 그것은 자칫 모든 상황이나 판단에 대해 자신의 의견이 옳다는 생각으로 굳어지기 쉽기 때문입니다.

또한 이런 자기중심성과 상황에 대한 통제 자신감은 타인의 의견을 들으려 하지 않거나(상대도 잘 이야기하지 않으며) 듣더라도 형식적인 통보에 그치기 쉽습니다.

하지만 그럼에도 불구하고 열린 사고를 지향하는 리더들은 입을 모아 말합니다. 상대가 제안하는 다른 의견, 자신의 의견에 반대하는 다른 의견들도 듣고 싶다고 말입니다. 그러려면 리더들은 마음을 열고 듣고, 심지어 자신의 생각에 "노"를 외치는 상대의 의견을 귀담아 들어 볼 필요가 있습니다. 그래서 거절의 의미를 정확하게 아는 것은 매우 중요합니다. 그래야만 들을 마음과 태도를 갖출 수 있기 때문입니다.

상대에게 해결 방법을 제안해 보는 것을 권유합니다
종종 어떤 분들은 이렇게 말합니다.

> "처음엔 요청이었어요. 그런데 상대가 거절을 하고 나서야 제가 말한 것이 사실은 강요였거나 지시였다는 것을 알게 되었습니다. 조직에서는 개인적 요청을 하기도 합니다. 하지만 어떤 경우는 요청처럼 말하지만 의도는 지시인 경우도 많거든요. 이럴 땐 거절을 들으면 화가 나요. 왜냐하면 제 개인적인 요청이 아니라 팀원으로서 서로 해야 할 필요가 있는 것들이기도 하니까요. 이럴 땐 어떻게 해야 할까요?"

만약 리더가 부하 직원이나 동료로부터 거절을 들을 때, 반드시 그 사람과만 무언가를 같이 해야 하는 상황이라면 다음과 같은 요소들을 살펴볼 필요가 있습니다.

1. 상대가 거절을 하기까지 얼마나 큰 용기를 필요로 했는지 인정해 주기

2. 상대가 거절 뒤에 중요하게 생각하는 것은 무엇인지 파악해 보기

3. 그럼에도 불구하고 모두에게 중요한 공동의 핵심 욕구에 대해 말해 보기

4. 모두에게 중요한 공동의 핵심 욕구를 채워 나가기 위해 할 수 있는 대안을 말해 보기

5. 아니면 상대에게 대안을 말해 달라고 요청해 보기

우리의 요구 사항이 반드시 옳거나 더 중요하다는 믿음은 매우 섣부른 생각입니다. 그런 생각을 내려놓고 상대가 거절하려는 마음을 알아준다면 그는 반드시 우리의 마음을 알아주려 노력할 것입니다. 단, 그 마음에 조종의 의도가 없을 때에만 말입니다.

그동안 우리는 상대의 거절을 듣지 않기 위해서 죄책감, 두려움, 수치심을 사용해 강요해 왔습니다. 하지만 언제나 그런 방식으로 강요하며 상대를 조종하려 든다면 우리는 고스란히 그 대가를 치르게 될 것입니다. 우리를 따르는 사람이 없어지는 것보다 더 비극적인 대가는 우리가 누군가를 믿지 못하게 되어 스스로를 고립시키고 외로워지는 것입니다.

대화 연습

- 연습의 대상은 동료, 후배, 가족이 좋습니다.

- "원치 않을 땐 거절하겠다고 분명하게 말해 주세요"라고 협조를 구하세요.

1. 요청을 하기 전에 스스로 강요의 의도가 없는지 확인하세요.

2. 자신의 핵심 욕구를 확인하고 그것을 채울 요구 사항을 말해 보세요.

3. 상대가 거절한다면, 그로써 중요하게 여기는 이슈나 핵심 욕구가 무엇인
   지 파악해 보세요.

4. 우리의 핵심 욕구를 채워 갈 대안을 생각해 보거나 상대에게 대안을 부탁
   해 보세요.